Karl Elberg

Swami Sivananda

Karl Elberg

Swami Sivananda

Von einem, der auszog,
das Glück zu verschenken

Bibliografische Information der Deutschen Bibliothek
Die Deutsche Bibliothek verzeichnet diese Publikation in der deutschen
Nationalbibliografie; detaillierte bibliografische Daten sind im Internet über
http://dnb.ddb.de abrufbar.

1. Auflage 1999
2. Auflage 2004

Copyright bei
Lammers-Koll Verlag e.K.
Leopoldstraße 1
D-75223 Niefern-Öschelbronn
Alle Rechte vorbehalten

ISBN 3-935925-76-X

Druck: Vochezer-Druck, D-83301 Traunreut

Inhalt

II
Ausgewählte Texte von Swami Sivananda

10. August 1941

Liebe nach Befreiung strebende Mitmenschen!

Das fortwährende Studium von Lebensläufen der Heiligen wird euch ermöglichen, ein heiliges Leben zu führen. Ihr werdet euch deren noble Qualitäten zu eigen machen. Ihr werdet nach und nach in eine spirituelle Form gegossen. Ihr werdet Inspiration aus ihnen herausziehen. Ein inneres Verlangen nach Gottverwirklichung wird in euch entstehen.

Ein Buch, das das Leben von Heiligen behandelt, ist ein ständiger Begleiter und unbezahlbarer Schatz für euch.

Mögt ihr Heilige werden.

Sivananda

Einführung

Wer Tag für Tag das Glück zu verschenken vermag, muß zuvor eine Quelle gefunden haben, die unerschöpflich ist. Menschen und Tiere kommen zum Ganges, baden und erfrischen sich, löschen ihren Durst und bewässern das Land – dennoch wird die Wassermenge nicht weniger, sondern spendet Segen weit und breit. Dieses Bild gebrauchte Swami Sivananda einmal, als er über das Wesen der Wohltätigkeit sprach. Der große Strom Nordindiens war zu seinem großen Lehrmeister geworden und er nannte ihn liebevoll »Mutter Ganga«, nachdem er der Ganga das große Geheimnis ihres Daseins abgerungen hatte. Über Jahre hinweg war er in aller Frühe in die kalten Fluten gestiegen, hatte gelauscht und gefühlt und den Fluß erst wieder verlassen, als die Sonne sich hinter den Vorbergen des Himalaya zeigte.

Was sie ihm alles mitgeteilt haben mag, können wir nur dann erahnen, wenn wir seinen Worten Raum geben und sie in uns zur Entfaltung kommen lassen. Sie sind klar, entwaffnend einfach und besitzen die Fähigkeit, Menschen im innersten Wesen zu berühren und umzuwandeln. Als Zeugnis und Spiegel selbstlosen Handelns sind sie für den Leser leicht anzunehmen. Auf zarte, muteinflößende Weise drückt sich eine segensreiche Botschaft jenseits des immer mächtiger werdenden Zeitgeistes von materiellen Wünschen und Entfremdung aus. In der »Siva Gita«, einem Kurzlebenslauf in Briefen, schreibt Swami Sivananda über sich selbst am 7. Januar 1946: *Im jetzigen Augenblick bin ich der reichste Mann der ganzen Welt. Mein Herz ist voll. Weiterhin gehört mir jetzt der ganze Reichtum des Herrn. Deshalb bin ich der König der Könige, der Kaiser aller Kaiser, der Schah der Schahs, der Maharadscha aller Maharadschas. Ich bemitleide die weltlichen Könige. Mein Reich ist ohne Grenzen. Mein Reichtum ist unerschöpflich. Meine Freude ist unbeschreiblich. Mein Schatz ist nicht meßbar. Ich erreichte dies durch mönchisches Leben, durch Entsagung, unermüdlichen selbstlosen Dienst, Anrufung Gottes, Singen und Meditation.*

Welch einen Menschen haben wir hier vor uns? Diese Frage wird sich mancher Leser stellen, wenn er über den Inhalt des Briefes nachsinnt. Man spürt unweigerlich und direkt, daß seine Persönlichkeitserhebung aus einer ganz anderen, freien Sphäre kommt.

Das Selbst oder Atman, wie es die Inder bezeichnen, war im Leben und den Taten Sivanandas in einzigartiger und vielseitiger Weise spürbar geworden. Seine befreiende Botschaft richtete sich an die ganze Welt, bewirkte bei vielen Menschen ein inneres Verstehen über die Einheit der Religionen und schuf darüber hinaus eine Verbindung zwischen Christentum und Yoga. Immer wieder hatte er seinen hinduistisch aufgewachsenen Schülern neben den eigenen Weisheitsschriften auch die Bergpredigt ans Herz gelegt. Die innere Einkehr mit Hilfe der Licht-Gedanken Jesu Christi würde allen Menschen den rechten Weg weisen. Über die letzte der Seligpreisungen, die den Auftakt der Bergpredigt darstellen, schrieb Sivananda folgende Sätze: *Heilige sind ein Segen für die Menschen. Sie sind die größten Wohltäter der Welt. Das wenige, was wir jetzt an Frieden und Glück haben, ist nur deshalb vorhanden, weil die glorreichen Heiligen und Gott-Verwirklichten auf der Erde geboren werden und dort die Rechtschaffenheit des Herrn wieder aufrichten. Aber solcherart ist die Tragödie der Welt, in der wir leben, daß sich gegen diese Gott-Gesandten aufgelehnt wird, daß sie verunglimpft und von einem Teil der Menschheit gekreuzigt werden.*

Sein eigenes, heilbringendes und beispielhaftes Leben ist vielleicht deshalb einigermaßen nachzuvollziehen, weil hier immer wieder die Schwierigkeiten offenbar werden, mit denen auch und vielleicht gerade Heilige zu ringen haben. Ihr Opferweg ist es, der das menschliche Gemüt zu berühren weiß und der sich jeglicher Klischeevorstellungen entzieht. Sivanandas Leben ist so reich wie eine Schatzgrube, die keinen Boden zu haben scheint. Wir werden um so mehr beschenkt, je tiefer wir graben, und doch bleibt stets ein Rest verborgen. Damit jener unfaßbare Rest als eine Art Gnadenwirken Gottes weiterhin an uns arbeiten kann und wir Gelegenheiten bekommen, staunend die Liebe zur Weisheit in uns aufkeimen zu lassen, soll die vorliegende Arbeit ein Beitrag sein.

Die Anregung zu dieser Auseinandersetzung erhielt ich durch den spirituellen Lehrer Heinz Grill, der mich von 1992 bis 1994 zum Yoga-Lehrer ausbildete. Er hatte mir empfohlen, zur Vertiefung des Yoga-Studiums eine Facharbeit über ein heiliges Leben zu erstellen. In seinen Veröffentlichungen und Vorträgen zur Darlegung des vom ihm begründeten »Yoga aus der Reinheit der Seele« hatte Heinz Grill sehr häufig Swami Sivananda erwähnt und dessen unmittelbares und geistesgegenwärtiges Handeln als beispielgebend gepriesen. An dieser Stelle möchte ich meinem geschätzten Lehrer, dem ich dieses Buch widme, für das erfahrene Geleit während der Arbeit von Herzen danken.

Weiterhin gilt mein Dank auch Frau Neiazy-Büttner aus Köln, die mir einen Großteil des Bildmaterials zur Verfügung stellte, sowie Frau Dr. Prym vom Heinrich Schwab Verlag. Sie lieh mir sehr seltene Bücher, Zeitschriften und Dokumente aus ihrer Bibliothek. Dort fand ich das nahezu unbekannte Buch Swami Sivanandas »Life and Teachings of Lord Jesus«, welches die Rezeption von Sivanandas Leben um einige Aspekte bereichern kann, die besonders für Menschen des Westens von Interesse sein können. Mein Dank gilt auch Herrn Professor von Stietencron, Tübingen, der bei der Übersetzung verschiedener Mantren behilflich war.

Auf einer Indienreise im Sommer 1994 erteilte mir Swami Krishnananda, leitender Sekretär der von Swami Sivananda ins Leben gerufenen »Divine Life Society« die Erlaubnis, auf Fotos und die gesamten Werke Sivanandas für die Veröffentlichung einer Biographie zurückzugreifen. Swami Devananda, in den letzten sechs Lebensjahren persönlicher Assistent Swami Sivanandas, beantwortete Fragen in bezug auf dessen Tageslauf und gewährte Einblick in Tonbandaufzeichnungen. Sri Narasimhulu, der Leiter der Druckerei und Swami Krishnapriyananda von der Bibliothek verschafften mir Zugang zu weiteren seltenen Bildern und Büchern. Swami Hamsananda stand bereit für allerlei Fragen und erklärte einiges über das ausgeprägte Postwesen im Ashram. Ihnen möchte ich ebenso danken wie allen weiteren Personen, die auf verschiedenste Weise an dieser Veröffentlichung beteiligt waren.

Als Informationsgrundlage stand mir in erster Linie eine umfangreiche, in Australien entstandene Lebensbeschreibung zur Verfügung. Sie heißt »Biography of a modern Sage« und ist eine Gemeinschaftsarbeit der Bewohner des Sivananda-Ashrams in Fremantle zum hundertsten Geburtstag Sivanandas. Viele der darin geschilderten Ereignisse gehen auf die Tagebücher von Swami Venkatesananda zurück. Dieser schreibfreudige, langjährige Schüler hatte als Herausgeber von Swami Sivanandas Werken selbst eine Biographie mit dem Namen »Gurudev Sivananda« verfaßt. Weitere Informationen gab mir das Buch »From Man to God-Man«. Der Autor, Sri Ananthanarayanan, hatte in den letzten Lebensjahren engen Kontakt zu Swami Sivananda und stellte dessen zahlreiche

Essays alphabetisch nach Themen geordnet zu einem Buch mit dem Namen »Bliss Divine« zusammen, das auch in deutscher Übersetzung vorliegt.

Die kurzen Zitate Sivanandas innerhalb der Schilderung von Anekdoten wurden kursiv hervorgehoben. Sie scheinen ihm manchmal in den Mund geschoben worden zu sein, und eine gewisse Legendenbildung ist durch mündliche Überlieferung nicht auszuschließen. Längere kursiv geschriebene Abschnitte hingegen sind in der Regel der Autobiographie Swami Sivanandas entnommen, der wichtigsten Schilderung innerer Beweggründe seines Handelns. Sie sind wie die Texte Sivanandas aus dem zweiten Teil eigene Übersetzungen. Auf Quellenangaben im Text sowie Betonungszeichen wurde verzichtet, um die Präsentation einfach zu halten und dem Leser ein inneres, nicht nur intellektuelles Verstehen dieser Botschaft zu erleichtern. Die einzelnen bei ihrer Erstnennung kursiv gedruckten Fremdwörter erklären sich weitgehend aus dem Zusammenhang. Ihre Bedeutung und Herkunft wird im Fremdwörterverzeichnis erläutert.

Tübingen, im März 1999

Karl Elberg

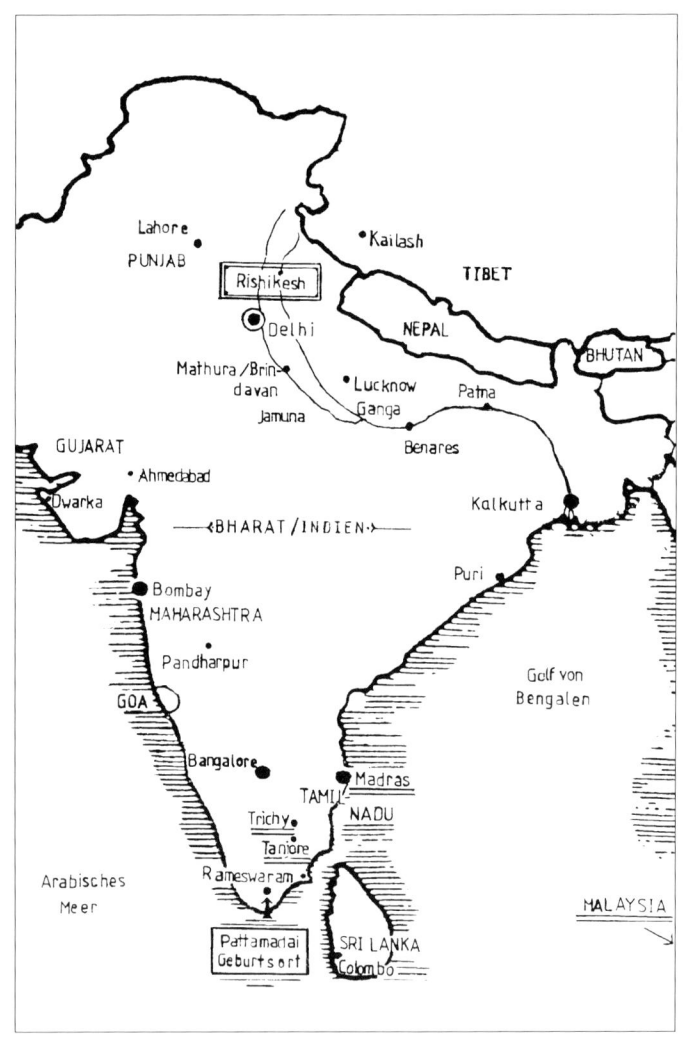

I
Swami Sivanandas Lebensweg

Ein Sonnenkind als Nachkomme
ruhmreicher Vorfahren

Auf dieser gesegneten Erde, von der allein man nach Befreiung streben und Mukti erlangen kann, in die selbst Devas sich hineinwünschen und dort geboren werden müssen, um letztendlich die Seligkeit zu bekommen, erscheinen von Zeit zu Zeit einige wenige große Mahatmas, deren einziger Grund des Daseins darin besteht, Liebe, Licht, Freude und Gnade um sich herum auszustrahlen, den Armen und Hilflosen zu dienen, den Verirrten und Bedrückten beizustehen, die Unwissenden zu erheben, spirituelles Wissen unter den Menschen zu verbreiten und der leidenden Menschheit unvermischte Freude und Glück zu bringen. Dieses sind die Heiligen und Weisen, die Arhats und Buddhas, Fakire und Bhagavatas, Swamis und Yogins, die diese Welt überall zu verschiedenen Zeiten geschmückt haben. Sri Appaya Dikshitar ist so einer. Ich hatte den Vorzug, in der Familie dieses großen Heiligen geboren zu werden.

Diese Zeilen stehen am Beginn der Autobiographie von Swami Sivananda. Er fährt fort, seinen großen Vorfahren als ein auf allen Gebieten der Literatur beschlagenes Genie und Poeten zu würdigen. Dessen Werke aus dem sechzehnten Jahrhundert seien unübertroffen und bis heute besonders im Süden des Landes sehr beliebt.

Swami Sivananda wurde bei Sonnenaufgang des 8. September 1887 in Pattamadai, einem Dorf im Süden des heutigen Bundesstaates Tamilnadu geboren. Der Stern mit dem Namen Bharani ging zur Stunde am östlichen Horizont auf, welches Astrologen als ein äußerst glückverheißendes Zeichen deuteten: es steht für die Herabkunft eines großen Weltenlehrers oder Herrschers. Seine Eltern gaben ihm den Namen Kuppuswamy. Über den Vater schreibt dieser später folgendes: *Mein Vater, Sri P. S. Vengu Iyer von Pattamadai, war ein Nachkomme von Sri Appaya Dikshitar. Er war der Finanzminister des Kleinstaates Ettiapuram, eine reine Seele, Siva-Verehrer und Weiser. Er wurde vom Radscha Sahib Ettiapurams und der Bevölkerung verehrt.*

Seine Frau, Parvati Ammal, war wie ihr Mann dem Gott Siva treu ergeben und das Kind wuchs mit seinen beiden Brüdern in einer orthodoxen religiösen Atmosphäre auf. Schon früh offenbarte sich, daß Kuppuswamy in der Tat ein wahres Sonnenkind war. Seine ständige Heiterkeit, das friedvolle Wesen und eine überaus rasche Auffassungsgabe erstaunten die Eltern und die Dorfbewohner.

Pattamadai war in der Gegend um das Kap Comorin bekannt für seidenweiche Strohmatten, die dort geflochten wurden und auch für seine guten Sänger. Es war umgeben von Reisfeldern und Mangohainen sowie einem Kanal, der das frische Wasser des Tambraparani um den Ort leitete.

Kuppuswamy liebte von klein auf Musik, und er begegnete ihr oft während des Tages. Schon früh am Morgen sang der Vater, ein Brahmane, Hymnen an Siva und Lieder zum Lobpreis des Herrn. Das Wort Siva schien den Jungen besonders zu faszinieren. Er hörte die Silben in anderen Wörtern und spielte mit ihnen, als er zu sprechen begann. Seine Mutter sang ihm die verschiedenen Namen Sivas vor, wenn es Zeit zum Einschlafen war. Seitdem er laufen konnte, begleitete er seinen Vater in den Tempel, wo dieser seine Riten ausführte. Er verfolgte das Rezitieren von *Mantra*-Gesängen, die dazugehörigen *Mudras* oder Handstellungen sowie die Gesten der opfernden Hände. Blumen, das Licht der reinen Kampferflamme, Weihrauch und Wasser wurden dem Herrn der Welt dargebracht. Der Junge pflückte Blüten für die Zeremonie und begann, den Vater nachzuahmen.

Wenn seine Mutter ihn zum Tempel mitnahm, hob sie ihn hoch, daß er die Glocken am Eingang anschlagen konnte. Hier traf man sich gegen Abend, um den Erzählungen aus den großen Epen *Ramayana* und *Mahabharata* zu lauschen. Danach beteiligten sich die Anwesenden am *Kirtan*, dem hingebungsvollen Singen der Namen Gottes. Über die Zeit von Pattamadai lesen wir in Swami Sivanandas Autobiographie: *In früheren Tagen war besonders in den Dörfern überhaupt kein Raum, um schlechte Gewohnheiten zu entwickeln. Die Umgebung und die Atmosphäre waren höchst zuträglich für einen erzieherischen und kulturellen Fortschritt. Als Junge war ich ungewöhnlich aktiv und von einem sehr vorwärtstreibenden Naturell.*

Jedoch war er nicht nur aufmerksam und interessiert dem Religiösen ergeben, sondern liebte es ebenso, irgendwelche Späße und Schabernack mit anderen zu treiben. Rückschauend auf diese Zeit behauptet er von sich: *Ich war ein äußerst schalkhafter Lausbub in meiner Kindheit.* Die Nachbarn und Verwandten erinnerte sein Verhalten an das des jungen *Sri*

Krishna, den göttlichen Butterdieb. Kuppuswamy war nicht so vernünftig wie seine Brüder, die ihre Ration Süßigkeiten einteilen konnten. Er brachte es sogar fertig, Leckereien aus der Speisekammer zu stehlen, um sie mit seinen Spielgefährten zu vertilgen. Wenn er etwas zu naschen bekam, lief er gleich los, um jemanden zu finden, mit dem er es teilen konnte.

Im Alter von fünf Jahren verbrachte Kuppuswamy die meiste Zeit in der Stadtwohnung des Vaters und besuchte im Ort die »Rajah's Highschool«. Er ging sehr gern dorthin und zeigte sich auf allen Gebieten äußerst interessiert. Der Junge war stets voller Energie, groß und kräftig gebaut und tat sich besonders im Sport hervor. Der Radscha liebte dessen Kühnheit, die singende Stimme und er hatte ihn bald in sein Herz geschlossen. Kuppuswamy verblüffte die Leute mit wagemutigen Aktionen. Er sprang voller Freude immer wieder in einen großen tiefen Brunnen, tauchte weit nach unten und kam lachend und prustend an die Oberfläche zurück.

Der Kleinstaat hatte ein gutes Verhältnis zur englischen Kolonialregierung in Madras, und der Radscha benutzte einen Großteil seiner Geldmittel, um die Künste zu fördern. Ein Verwandter und großer tamilischer Komponist, Muthuswamy Dikshitar, hatte ein paar Häuser weiter gelebt und auch jetzt gab es einige gute Musiker im Ort wie Subbarama Dikshitar, in dessen Haus oft *Akhanda Kirtan* stattfand, das allnächtliche Singen von *Bhajans*, jenen Liedern zur Ehre Gottes.

Der Junge hegte besonderes Interesse für durch die Stadt ziehende Wandermönche, die in Indien *Sannyasin* genannt werden. Er verbrachte viel Zeit mit ihnen, besorgte für sie etwas zu essen oder lud sie nach Hause ein. Er suchte immer Gelegenheiten, ihnen zu helfen.

Manchmal machte er sich, ohne sich abzumelden, auf den Weg zu einem Tempel, von dem er gehört hatte und kam erst nach ein paar Tagen zurück, hungrig und erschöpft von der langen Wanderung, aber mit einem Strahlen in den Augen. Es waren seine ersten Begegnungen mit der Freiheit und die elterlichen Warnungen vor vielerlei Gefahren schienen keinen Eindruck auf ihn zu machen.

In der Schule war er besonders vom Turnen begeistert. Seine Eltern förderten ihn bei dieser modernen Körperertüchtigung nicht gerade. So legte er gegen drei Uhr manchmal sein Kopfkissen geschickt unter die Bettdecke und stahl sich aus dem Haus. Während alle noch schliefen, verbrachte er die Zeit auf dem Turnplatz des Schulgeländes und ließ an Reck und Barren seine Kräfte spielen. In der Abwesenheit des Turnlehrers durfte er manchmal die Klasse anleiten. Mehr als fünfzig Jahre später sollte Swami Sivananda ihm die Einweihung in den Mönchsstand gewähren.

Bei der jährlichen Preisverleihung in der Schule wurde Kuppuswamy am meisten nach vorn gerufen. Einmal bekam er sogar eine wertvolle Shakespeare-Gesamtausgabe. Mit vierzehn Jahren wurde er ausgewählt, dem britischen Gouverneur eine Willkommensbotschaft zu verlesen und ein englisches Lied vorzutragen.

Studienjahre eines Wißbegierigen

Nach dem Abschluß der High-School besuchte Kuppuswamy das »S.P.G. College« in Trichinopoly, einer Stadt im Zentrum Tamilnadus. Dieser Ort, auch Trichy genannt, liegt ungefähr zweihundertfünfzig Kilometer von seinem Geburtsort entfernt und war ein Zentrum der Jesuiten. S.P.G. steht für »Society of the Propagation of the Gospel«, auf deutsch: »Die Gesellschaft für die Verbreitung des Evangeliums«. Die strengen Lehrer dieses christlichen Ordens legten viel Wert auf Disziplin und der Direktor galt als wenig umgänglich.

Kuppuswamy lernte wie viele andere Brahmanen-Kinder auf diese Weise die christliche Religion kennen. Diese Schulen hatten einen guten Ruf in den südlichen Landesteilen, die von den Missionaren hauptsächlich ausgewählt worden waren. Die ältesten Spuren christlichen Wirkens reichen auf den Apostel Thomas zurück, der an der Malabarküste im äußersten Südwesten, dem heutigen Bundesstaat Kerala, seinen Fuß an Land gesetzt hatte, um den Menschen das Evangelium zu verkünden. Schon bald erregte Kuppuswamy die Aufmerksamkeit des Prinzipals aufgrund seines Fleißes, der guten Klassenarbeiten und seines schauspielerischen Talentes. Bei einer Theateraufführung spielte er mit großem Erfolg die Rolle der Helena in Shakespeares »Sommernachtstraum«. Gegen Ende seiner dortigen Schulzeit bildeten die vielen Buchgeschenke für gute Leistungen den Grundstock einer kleinen Privatbibliothek.

1905 entschied Kuppuswamy sich, in Tanjore, fünfzig Kilometer südlich von Trichy, Medizin zu studieren, obwohl seine Familie andere Pläne für ihn hegte. Er sollte Anwalt werden oder die Verwaltungslaufbahn einschlagen. Über diese Zeit berichtet er: *Während meiner Studien am Medizinischen Institut in Tanjore fuhr ich nie in den Ferien heim. Ich verbrachte die gesamte Zeit im Krankenhaus. Ich hatte freien Zugang zum Operationssaal. Ich lief hier- und dorthin, um mir ärztliches Wissen anzueignen, welches ein Examenskandidat haben sollte. Ein älterer Assistenzarzt mußte zu einer Fachprüfung; er beauftragte mich, ihm den Lernstoff vorzulesen. Dies ermöglichte mir, mit den ältesten Studenten in bezug auf theoretisches Wissen Schritt halten zu können.*

Kuppuswamy führte schon damals immer ein Notizbuch bei sich, in dem er alles mögliche, was ihm wissenswert erschien, schnell vermerkte. In späteren Jahren bediente er sich gleich fünf oder sechs solcher Gedächtnisstützen. Als er 1909 die Hälfte seiner Abschlußprüfungen absolviert hatte, starb plötzlich sein Vater, und er fuhr in die Heimat zurück, um der Mutter beizustehen. Sie bat ihn inständig, bei ihr zu bleiben und eine andere Beschäftigung in der Nähe zu suchen, als sie während seines Aufenthaltes krank wurde. Jedoch lehnte der Sohn ihre Bitte höflich, aber mit Entschiedenheit ab. Er absolvierte die Prüfung mit Auszeichnung und der Direktor verglich in einer Rede seine Persönlichkeit mit einer Blumengirlande, die das Institut für alle Zeit schmücken würde.

Ambrosia – die Speise der Götter – in Form eines medizinischen Journals

Kuppuswamy fand schnell eine Anstellung bei einem Doktor in Trichy. Der junge Arzt hatte sich eine kindliche Freude und Unkompliziertheit bewahrt, und die Patienten vertrauten sich ihm gern an. Er hatte schon seit einiger Zeit Überlegungen angestellt, wie es möglich wäre, daß die Menschen weniger krank und widerstandsfähiger würden: *Ich kam auf die Idee, daß ich ein medizinisches Journal beginnen sollte. Sofort arbeitete ich die Einzelheiten aus. Ich erhielt von meiner Mutter hundert Rupien für die ersten Auslagen. Ich suchte ayurvedische Ärzte auf für die Artikel über Ayurveda. Ich selbst schrieb Artikel über verschiedene Themen und veröffentlichte sie in »Ambrosia« unter wechselnden Pseudonymen.*

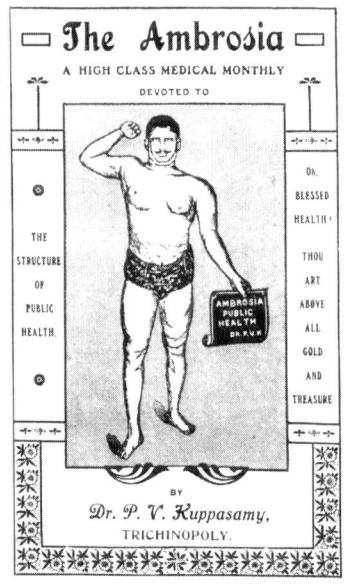

Das Magazin stellte eine gute Hilfe für angehende Ärzte und interessierte Laien dar, welche nicht bereit waren, die Medizin als eine rein materialistisch ausgelegte Wissenschaft anzusehen: *Das Material, welches sie enthielt, war anziehend und bot dem Leser jeden Monat hilfreiche Anregungen für die medizinische Praxis. Eine bezeichnende spirituelle Färbung konnte in den Seiten von »Ambrosia« vernommen werden. Im Gegensatz zu anderen medizinischen Zeitschriften basierte die ganze Aufmachung auf den Lehren der alten Weisen. Der Same von Spiritualität war bereits in meiner Jugend aufgegangen.*

Die Zeitung erfüllte vier Jahre lang ihren Hauptzweck, Wissen zu verbreiten; jedoch brachte sie außer viel Arbeit und Kontakten kaum einen finanziellen Gewinn. Kuppuswamy nahm bald in Madras eine besser bezahlte Stelle in einer Apotheke an. Er hatte dort die Bücher zu führen, Medikamente zu verschicken, Patienten zu beraten und nebenbei die Zeitschrift weiterzuführen, deren Auflage er dort vergrößern wollte. Nicht nur vielen armen Interessierten ließ er so manches Exemplar unentgeltlich zukommen, sondern er verschickte es auch an hohe Regierungsbeamte und einflußreiche Personen in der Hoffnung auf Unterstützung, die jedoch nur spärlich zustandekam.

Malaya: persönliche Freiheit
und der Drang zum Dienst an den Kranken

In Dr. Kuppuswamy trat bald der Wunsch auf, direkteren Kontakt zu den Patienten und Hilfsbedürftigen zu haben. Als ein Partner der Apotheke sich aus dem Geschäft zurückzog, nahm er das zum Anlaß, kurzerhand einem Freund in Singapur zu schreiben, daß er beabsichtige, nach Malaya, dem heutigen Malaysia zu kommen, um dort sein Glück zu versuchen. Er bat ihn, sich nach einer Stelle für ihn umzusehen. Als er der Familie in Pattamadai seinen Plan unterbreitete, brach die Mutter in Tränen aus. Kuppuswamy jedoch konnte durch geschickte, humorvolle Argumente seine Familienmitglieder beschwichtigen, und sie erkannten, daß es unmöglich war, ihm den Plan auszureden. Seine Entschlossenheit, eigene neue Wege zu gehen, war zu groß. Am Abend vor der Abreise im Jahre 1913 wurde »Dr. Ambrosia«, wie ihn seine besten Freunde nannten, von ihnen in Madurai, der berühmten Tempelstadt, während eines Empfanges verabschiedet.

Nur mit dem Nötigsten ausgestattet, trat der junge Arzt und Brahmane die Reise nach Malaya an. In Madras bestieg er einen Dampfer, der ihn nun zumindest räumlich von der Familie entfernte. Enge Verwandtschaftsbeziehungen prägen das Leben der Inder, und auf die Pflicht, dem Geheiß der Eltern zu folgen, wird größter Wert gelegt. Aus Kuppuswamys Worten geht hervor, daß er noch keine große Selbständigkeit erworben hatte: *Ich war solche langen Reisen nicht gewöhnt. Ich hatte keine Idee, welche Nahrungsmittel ich mitzunehmen hatte, welche Vorbereitungen zu treffen waren für den Beginn meiner Karriere in Malaya und wieviel Geld ich brauchte. Ich packte meine Sachen und vergaß nicht, eine gute Menge Süßigkeiten einzustecken, die meine Mutter mit Liebe für mich zubereitet hatte. Ich gehörte einer orthodoxen Familie an und war nicht willens, die Fleischkost auf dem Schiff zu mir zu nehmen. So hielt ich mich an die süßen Sachen. Als ich jung war, liebte ich süße Speisen überaus. Während der Schiffsreise schlug ich mich mit den Süßigkeiten und einer Menge Wasser durch. So erreichte ich Singapur fast halb verhungert.*

In Malaya suchte er sofort seinen Bekannten auf. Dieser gab ihm ein Empfehlungsschreiben und Ratschläge, wie er eine Anstellung finden könne. Dr. Kuppuswamy sprach bei einer großen Gummiplantage mit einem eigenen Hospital vor. Er berichtet: *Glücklicherweise brauchte Herr A.G. Robins gerade einen Assistenten für das Plantagenhospital. Er war ein furchterregender Mann mit einem fast unbändigen Temperament, einer kräftigen Figur, groß und derb. Er fragte mich: »Können Sie ganz allein mit einem Krankenhaus klarkommen?« Ich antwortete: »Ja, ich werde auch mit drei Hospitälern fertig.«*

Der Doktor wurde unter Vertrag genommen und bekam ein stattliches Gehalt von hundertfünfzig Dollar im Monat, ganz im Gegensatz zu den fünftausend indischen Arbeitern, die außer einem Dach über dem Kopf und den Mahlzeiten kaum Lohn bekamen. Er hatte in dieser kleinen Welt für sich alle Hände voll zu tun. Neben den Behandlungen bildete er Krankenpfleger aus, bestellte Material und Medizin; in so mancher Nacht kümmerte er sich um schwerkranke Patienten, die er in seinem Haus unterbrachte. Mit der Zeit bildete sich immer mehr ein tieferes Verständnis über die Bedeutung von Krankheiten aus, und er begann, sich verstärkt um das Seelenheil der Patienten zu kümmern: *Ich heiterte die Menschen mit Witz und Humor auf und erhob die Kranken mit liebevollen und ermutigenden Worten. Die Kranken fühlten gleich einen Schub von Genesung, Hoffnung, neuen Geist, Energie und Lebenskraft. Überall berichteten die Menschen, daß ich eine besondere Gabe Gottes hätte, die Menschen auf wun-*

dersame Art zu heilen und nannten mich einen sehr freundlichen und sympa-
thischen Doktor mit einer anziehenden und majestätischen Persönlichkeit. Bei
schwierigen Fällen hielt ich Nachtwache. Durch die Begleitung der Kranken
verstand ich ihre Gefühle und bemühte mich um ihre Leiden.

Auf unorthodoxe Weise verband er die Arbeit des Arztes mit der eines
Tempelpriesters. So verteilte er an die Kranken die Blätter des den Hindus heiligen *Tulasi*-Strauches. Diese mehrjährige Basilikumart sieht man
oft vor den Häusern der Brahmanen in einer kunstvoll gefertigten
hohen Schale. Die Patienten nahmen sie zusammen mit geweihtem
Wasser und Asche wie im Tempel entgegen. Jeden Freitag lud er zu einer Gebetsstunde im Krankenhaus ein. Am Ende verteilte er *Prasad*, ent-
weder Weizengrießpudding mit Kardamon oder andere Süßigkeiten,
wie es nach der *Puja*-Zeremonie von Tempelpriestern üblich ist. Er legte
großen Wert darauf, alle gleich zu behandeln und setzte sich über Ka-
stenbeschränkungen hinweg.

Nach sieben Jahren verließ er das Plantagenkrankenhaus und über-
nahm die Stelle eines Oberarztes in einem großen Hospital in Johore.
Die stark bevölkerte Stadt in der Nähe Singapurs brachte ihm viele
Patienten. Es sprach sich schnell herum, über welch heilende Hände
Dr. Kuppuswamy verfügte, und so kamen Personen von weit her in der
Hoffnung auf eine rasche Genesung. Er wohnte in einem Haus, welches
auf dem Hospitalgelände lag, jedoch war er selten zu Hause, da er sich
für viele Belange einsetzte: so trat er für die Putz- und Kehrkolonne des
Hospitals ein, die sich im Streik befand. Mit der Krankenhausleitung
handelte er für sie neue Tarife aus. Bald übernahm er auch dort Aufgaben. Wann immer er irgendwelche Mißstände sah, fühlte er die Notwendigkeit, diese umgehend zu beheben.

Manchmal kam es vor, daß er Kranke mit einem Begleitschreiben und
dem nötigen Geld versah und sie nach Singapur schickte, wo sie besser
versorgt werden konnten. Später ließ er sich genau über die angewand-
ten fortschrittlichen Behandlungsweisen berichten und schrieb dann
eventuell Artikel darüber. Auch fand Kuppuswamy noch Zeit, Bücher
über häusliche Medizin, Früchtediät und Gesundheitsvorsorge zu
schreiben. Er wurde Mitglied des »Royal Institute of Public Health« mit
Sitz in London, zu deutsch: »Königliches Institut für öffentliches Ge-
sundheitswesen«.

Im Hause des Doktors wohnte ständig sein Koch, Narasimha Iyer. Dessen Erinnerungen werfen ein Licht auf Kuppuswamys Verhältnis zu Untergebenen. Am Abend der Ankunft des Kochs legte der Doktor seine Bettrolle vom Gestell auf den Boden. Dabei sagte er: *Sie schlafen hier!* und wies dabei auf den eigenen Schlafplatz. *Es ist nicht gesund, in dieser Gegend auf dem Boden zu schlafen. Ich bin es gewohnt.* Am nächsten Tag, als Narasimha ihm das Essen servieren wollte, sagte er: *Setzen Sie sich neben mich. Wir essen zusammen.* Und schon begann er, den Koch zu bedienen. Was ist der Unterschied zwischen Ihnen und mir? *Sie verdienen etwas weniger, ich etwas mehr. Das ist alles… Beide haben wir zur gleichen Zeit Hunger. Fühlen Sie sich hier ganz zu Hause und lassen Sie alle falsche Zurückhaltung.*

Am ersten Tag des zweiten Monats seiner Anstellung gab der Doktor ihm einen Briefumschlag, der fünfunddreißig statt der ausgemachten fünfundzwanzig Dollar enthielt. *Das ist Ihr Sambhavana. Ist es genug?* Das Wort *Sambhavana* wird immer für eine Gabe religiöser Art gebraucht, für ein liebevolles Geschenk an das Höhere im Menschen. Wenn er den Koch beim Lesen spiritueller tamilischer Werke überraschte, rezitierte Kuppuswamy mit einer kindlichen Singsangstimme aus dem betreffenden Buch, so als ob ein stolzes Kind dem Vater zeigen möchte, was es gerade in der Schule gelernt hat. Wenn Narasimha dann noch verlegen war, ermunterte er ihn: *Lesen Sie ruhig weiter. Es ist ein gutes Buch.*

Dr. Kuppuswamy war in Geldangelegenheiten immer großzügig. Er handelte nie, auch wenn Geschäftsleute einen zu hohen Preis forderten. Wenn er Kleidung kaufte, nahm er immer das Beste, was zu bekommen war. Er kaufte viele Hüte, aber trug fast nie einen davon. Manchmal zog er sich ganz besonders schön an, um dann einen Spaziergang zu machen. Er liebte es, in diesem Aufzug mit Arbeitern am Straßenrand zu plaudern und sich in ihrer Sprache auszutauschen. Damals hatte er eine Vorliebe für Edelsteine. Er sammelte Ringe und seltene Kostbarkeiten. Bisweilen kam es vor, daß er alles anlegte, das Haupt mit einem seidenen Turban schmückte und wie ein Radscha durch die Stadt spazierte. Am nächsten Tag wurde alles wieder in Truhen und Schachteln verstaut.

Radfahren war zu dieser Zeit seine bevorzugte Körperertüchtigung. Oft fuhr Kuppuswamy zu Buchläden und bestellte nach einer Liste, die er stets bei sich trug, verschiedene Bücher über Yoga und Religion. Er erkundigte sich auch nach Neuerscheinungen in fremden Sprachen; vielleicht konnten sie einem der vielen Leser seiner Bibliothek nützlich sein.

Dr. Kuppuswamy in Malaya, um 1920

Zweimal in der Woche fand in seiner Wohnung ein *Satsang*-Abend statt. Dies ist ein Treffen spiritueller Art, die Pflege der Gemeinschaft mit Guten und Weisen. Gegen Ende der drei Jahre in Johore kam es immer häufiger zu solchen Treffen. Kuppuswamy lud einen Musiker in sein Haus ein, der ihm das Harmoniumspielen beibrachte. Die sehr kleinen indischen Tasteninstrumente sind dazu geeignet, daß man auf dem Boden sitzen und spielen kann. Die linke Hand betreibt den Blasebalg, während die rechte die Melodie der Bhajans spielt. Bald wurden jeden Abend Lieder zum Lobe der göttlichen Inkarnationen wie Krishna, Rama und Siva gesungen. Bei besonderen Anlässen führten Freunde und Kinder aus der Nachbarschaft Szenen der großen Epen auf. Kuppuswamy beteiligte sich daran oder trug Lieder vor, die eine seltsame Mischung von Komik und Religiosität ausdrückten. Er ging schnell und direkt auf die Gäste zu, und es gelang ihm, sie einzubeziehen in die warmherzige Atmosphäre. Große Feste wurden zum Gedenken an seine berühmten Vorfahren organisiert, an denen auch Kastenlose und sogenannte »Unberührbare« von der Straße teilnehmen durften. Ihnen tupfte er als ein Zeichen der Achtung und Ehrerweisung einen Punkt mit Sandelholzpaste zwischen die Augenbrauen.

Die Frage aller Fragen: Um was geht es im Leben?

Es war die Zeit der Dämmerung eines neuen Lebensabschnittes, dessen Thema lauten sollte: »Sarvam Khalv Idam Brahman« – »All dies ist fürwahr Gott«. Zusammen mit seinem Koch begann er, *Asanas* zu praktizieren. Beide halfen sich gegenseitig bei Kopf- und Schulterstand. Narasimha übte, wann immer er Zeit hatte, die Körperstellungen und *Pranayama*, die Atemübungen des Yoga. Durch das Lesen in den Yoga-Büchern während des Tages entwickelte dieser den Wunsch, sich in das Himalayagebirge zurückzuziehen und der Welt zu entsagen. Der Doktor gab ihm jedoch eines Tages den Rat, die Sache mit dem Yoga etwas gelassener anzugehen. Es würde einmal die Zeit kommen, da er sich nicht Büchern, sondern einem lebenden spirituellen Lehrer anvertrauen dürfe. Und in der Tat sollte er vierundzwanzig Jahre später seinem Dienstherrn als Swami Sivananda in Rishikesh am Ganges begegnen und sein Schüler werden.

Als ob er fühlte, daß die gemeinsame Zeit bald ein Ende nehmen würde, bat der Koch den Doktor um ein Foto von ihnen. Dr. Kuppuswamy gab ihm seine besten Kleidungsstücke und arrangierte ein paar Utensilien wie Tennisschläger, ein dickes Buch und einen Lehnstuhl für den Fototermin. Lachend bemerkte er bei der Aufnahme: *Sie sehen aus wie ein Rechtsanwalt!*

Ähnlich muß er sich selbst in der Situation eines hochgestellten Arztes mit gutem Einkommen vorgekommen sein. Ob Kuppuswamy schon spürte, daß er bald diese feinen Kleider für immer beiseite legen würde?

Sicher, er war hilfsbereit und konnte Menschen wieder auf die Beine helfen, aber es blieb doch nur auf der physischen Ebene. Um der leidenden Menschheit wirklich dienen zu können, müßte ihm ein spiritueller Reichtum zur Verfügung stehen, den er weitergeben könne.

So wuchs in ihm der Entschluß, seine Sachen zu packen und sich auf die Suche nach der unvergänglichen Wahrheit zu begeben. Wie lange dieser Entscheidungsprozeß gedauert haben mag, weiß niemand genau zu sagen. In einem Artikel, den Swami Sivananda gegen Ende seines irdischen Lebens verfaßte und die Überschrift trägt: Wie Gott in mein Leben kam, erwähnt er den Besuch eines Asketen, der ihm die ersten Lektionen in *Vedanta* gab, jenem alten Wissen der vedischen Schriften. Dieser gelehrte Swami erkrankte nach ein paar Tagen, und Dr. Kuppuswamy pflegte ihn mit Hingabe. Er freute sich ganz besonders darüber, ihn beherbergen zu dürfen. Dabei nutzte er die Gelegenheit, sich mit ihm auszutauschen und einige seiner Bücher zu studieren. Als der Swami wieder gesund war, kaufte er ihm eine Erste-Klasse-Fahrkarte nach Singapur, wo der Mönch Vorträge zu halten hatte.

In seiner Autobiographie schrieb Swami Sivananda über die Beweggründe, Malaya zu verlassen: *Gibt es im Leben nicht eine höhere Bestimmung als das tägliche Erledigen von Büroarbeit, das Essen und Trinken? Sollte es nicht eine Form des höheren Glückes geben als diese wechselnden und illusorischen kleinen Glücksmomente? Wie unsicher und schwankend ist das Leben auf diesem Planet – mit verschiedensten Krankheiten, Ängsten, Sorgen und Enttäuschungen. Die Welt von Namen und Formen wechselt permanent. Die Zeit fließt dahin. Alle Hoffnung auf Glückseligkeit endet in Schmerz, Trauer und Trostlosigkeit. Gedanken dieser Art taten sich ständig in mir auf. Die Arbeit gab mir genügend Beweise für das Leiden dieser Welt. Für einen Menschen mit Unterscheidungskraft und Gelassenheit und einem mitfühlenden Herzen ist diese Welt voller Schmerzen. Wahres und bleibendes Glück kann nicht durch das Ansammeln von Reichtum entstehen. Die Reinigung des Herzens durch selbstlosen Dienst an der Menschheit war meine neue Vision. Ich war tief davon überzeugt, daß es einen Platz geben muß – ein ehrwürdiges Heim des Menschen von Reinheit und großer Herrlichkeit, wo absolute Sicherheit, tiefer Friede und ewige Glückseligkeit durch Selbstverwirklichung zu erfahren ist.*

Ich erinnerte mich oft der Schriften, die da sagten: Der Tag, an dem einem Menschen vollständige Gelassenheit widerfährt, sollte zum Anlaß genommen

werden, der Welt zu entsagen. Oder: Um die Wahrheit zu hören, ist es sinn-
voll, das Leben eines Sannyasin aufzunehmen. Die Worte der Schriften haben
großen Wert. 1923 gab ich das behagliche Leben in Luxus und Komfort auf und
erreichte Indien auf der Suche nach einem idealen Platz für Gebet und Kon-
templation, Studium und höherem Dienst an der Menschheit. Ich nahm das
Leben eines Bettelmönchs, eines Suchers nach Wahrheit auf. Ich ließ meine
Sachen bei einem Freund in Malaya. Ein Schuldirektor von dort, der 1939 den
Ashram besuchte, sagte zu mir: »Herr S. bewahrt noch immer liebevoll Ihre
Sachen auf und erwartet Ihre Rückkehr.«

Wo bist du, Herr?
Hier bin ich, Dir zu dienen.

Dem Bericht eines alten Mannes zufolge, den Narasimha 1924 in Südindien traf, fuhr Kuppuswamy nach einem Besuch in Madras direkt in
sein Heimatdorf. Mit einem Ochsenwagen brachte er einige Dinge vom
Bahnhof in sein Elternhaus. Als man noch damit beschäftigt war, die
Sachen ins Haus zu tragen, war der Heimgekehrte jedoch auf einmal
verschwunden. Man nahm an, daß er sich ein wenig umschauen würde.
Nach langem Warten stellte sich heraus, daß er ohne ein Wort des Ab-
schieds wieder weggefahren war.

Ausgestattet mit einem zweiten *Dhoti*, dem langen Tuch, welches zu
einer Hose gewickelt wird, einem Hemd, einer kleinen Tasche und
etwas Fahrgeld begab er sich mit dem Zug nach Benares. Die heilige
Stadt am Ganges liegt circa zweitausendfünfhundert Kilometer nördlich in der Mitte der großen Flußebene. Der Ganges sollte in seinem
Leben eine ganz besondere Bedeutung bekommen. Die vielen Pilger,
welche nach Benares kommen, verehren *Ganga* als Göttin, in deren
Mutterschoß man aufgenommen werden möchte, wenn das irdische
Leben zu Ende geht.

Benares ist eine der ältesten Städte der Welt. Ihr Name leitet sich von
den beiden Flüssen Varana und Asi ab, die unweit von einander in den
großen Strom der Ganga münden. Es befindet sich dort eine Furt, die
nicht nur für irdische Belange von Bedeutung war, sondern von den

Siva-Verehrern als Übergang zum jenseitigen, übersinnlichen Ufer des Reiches von *Brahman* angesehen wird. Siva hatte Varanasi zum Herzzentrum der Erde werden lassen, als er hier seinen *Lingam* auf dem Boden fest gegründet und versprochen hatte, diesen Ort niemals mehr zu verlassen. Weil jenes Licht, das den vom menschlichen Verstand nicht faßbaren Siva auszeichnet, dort aus dieser Steinsäule leuchtet, wurde der außergewöhnliche Platz nahe der Furt auch *Kashi* genannt, dessen Wortstamm »scheinen« bedeutet. Den Weg der Befreiung zu erhellen hatte Siva all jenen versprochen, die dort sterben, verbrannt werden und deren Asche dem Fluß übergeben würde. So kam es, daß die sonst als unrein geltenden Verbrennungsplätze am Rande der menschlichen Siedlungen in Kashi aber inmitten der achtzig *Ghats* am Ufer zu finden sind. Die Übersetzung von »Varana« bedeutet Abwehr. Der Begriff symbolisiert den inneren Fluß im Menschen, der das Entstehen von Sünden der Sinne verhindert. »Asi«, das Schwert, stellt jenen Fluß dar, der die Sünden der Sinne zerstört. Jeden Morgen verrichten zahlreiche Menschen an diesem Steilufer ihre Reinigungsbäder und tragen Wasser aus der Ganga zu den vielen kleinen Tempeln, deren Mitte jeweils ein Siva-Lingam ist. Unter großen Schirmen am Flußufer vollziehen Brahmanen Puja-Rituale für die Pilger aus ganz Indien.

Kuppuswamy begab sich nach seiner Ankunft sofort in den heiligsten der vielen Tempel und bekam den *Darshan Visvanathas*, des »Herrn des Weltalls«. Morgens und abends zu festgelegten Zeiten zelebrieren Brahmanen-Priester für die Anwesenden, die mit ihren Opfergaben gekommen sind, das Ritual des Darshan. Dieser Begriff kann mit Gottesschau übersetzt werden. Einem Darshan in christlicher Religionsausübung würde beispielsweise die Aussetzung einer Monstranz mit der geweihten Hostie an hohen Festtagen auf dem Altar entsprechen.

Nachdem sich die Tempelbesucher in zwei langen Reihen mit Blick auf das Lingam aufgestellt haben, werden Glocken angeschlagen, Muschelhörner ertönen, und die Brahmanen beginnen mit der Rezitation von Texten zur Ehre Sivas. Die Anwesenden heben die Arme und legen die Handflächen aneinander, während ein Tempelpriester einen großen Leuchter mit Butterlichtern vor dem blumenumkränzten Lingam schwenkt. Andere *Pujaris* werfen Blüten auf das Lingam, übergießen es mit Wasser oder entzünden Kampfer und anderes Räucherwerk. Der Pujari mit dem Leuchter bringt nun das von Siva gesegnete

Licht zu den Pilgern. Sie strecken ihre Hände über dem Lichtkegel aus und nehmen es als belebende, geistige Essenz zu sich hinüber. Ein weiterer Brahmane gießt Wasser, das über das Lingam geflossen war, in die zur Schale geformte rechte Hand der *Devotees*. Sie trinken es und streichen die verbleibenden Tropfen ins Haar. Ein Priester kommt mit Asche des Opferfeuers, die sich die Besucher zwischen die Augenbrauen tupfen. Nach dem Erhalt von Prasad schreitet man im Uhrzeigersinn dreimal um den Schrein.

Swami Sivananda berichtete später, was in ihm vorging, als er in diesem Tempel verweilte: *Ich bin gekommen, um mich Dir ganz und gar anzuvertrauen. Nimm mich an und tue, was immer Du mit mir vorhast. Die Tat ist von jetzt an mein Dienst und Auftrag, ohne nach den Früchten der Arbeit zu greifen; sie sind Dein. Ich werde es gelassen annehmen, wie ein trockenes Blatt von der Brise Deines Willens hin- und hergeweht zu werden. Ich bin Dein, alles ist Dein. Dein Wille geschehe.*

In einem Brief erwähnte er einmal: *Der Darshan des Visvanath gab mir ein neues Licht, ein neues Leben. Die Bindung an das Vergangene wurde völlig aufgehoben. Ich fühlte, daß Er selbst mein direkter Lehrer ist.*

Es war Winter in Benares und empfindlich kalt. Kuppuswamy setzte sich an eines der vielen Ghats und schaute auf den Fluß. Er versuchte, sich von dem Treiben der vielen Pilger am Ufer nicht stören zu lassen. Ihn fror und er konnte sich mit den Menschen nicht verständigen. Ihre Sprache, das *Hindi* der Nordinder und ihre Lebensgewohnheiten waren ihm fremd, aber er nahm die Situation an, ohne für sich etwas zu erbitten. Ein Mann, der ihn längere Zeit beobachtet hatte, kam auf ihn zu, schenkte ihm eine Decke und gab ihm das Geld für eine Fahrkarte nach Poona. Er riet ihm, sich von dort auf den Pilgerweg ins zweihundert Kilometer entfernte Pandharpur zu begeben. Dort sollte er den Darshan des *Vitthala* empfangen.

Kuppuswamy folgte dem Rat dieses netten Herrn und fuhr auf die Hochebene des Deccan in Maharashtra. Von Poona schlug er zu Fuß den Weg nach Südosten ein, um die dem Gott Krishna geweihte Stätte zu erreichen. Barfüßig und mit kahlgeschorenem Kopf wanderte er von Dorf zu Dorf, schlief unter den großen *Banyan*-Bäumen mit ihren Luftwurzeln neben der Straße und übte sich im Annehmen dessen, was gerade auf ihn zukam: mal wurde er herzlich bewirtet, mal litt er Hunger und fand schließlich etwas Eßbares irgendwo in der Steppe. Oder er wurde vom Regen durchnäßt und verbrachte die Nacht in seinen feuchten Tüchern, die mit der Zeit immer dünner wurden. Als Fremder durchstreifte der wortkarg gewordene kräftige Mann die Hochebene, bedankte sich bei den Leuten, die ihm *Bhiksa* gewährten, über ihre Zuwendungen. In Pandharpur warf er sich vor dem Bildnis des Vitthala nieder und bat um das Erbarmen des Höchsten.

Nun zog es ihn nordwärts. Es gab keine äußeren Ziele mehr, aber vielleicht trieb ihn die Sehnsucht zu einem Ort, der für die Meditation besonders geeignet war. Kuppuswamy durchwanderte die großen Wälder Mittelindiens und anschließend die weite Ebene der Ganga. Mehr als ein Jahr war vergangen seit seiner ersten Ankunft an diesem Strom. Jetzt überquerte er ihn wieder und hielt sich weiterhin Richtung Norden. Ein Dorfpostmeister schenkte ihm schließlich eine Fahrkarte nach Haridwar, einem berühmten Pilgerort am Ufer der Ganga. Von dort machte er sich auf nach Rishikesh, wo die Ganga das Gebirge verläßt und sich zu einem Strom ausbreitet. Hier sollte seine Suche nach einem Ort des Bleibens ein Ende finden. Er hatte viele Sadhus, Mahatmas und Exoten getroffen, manche Lektionen des Lebens an ihnen studiert, hatte mit Geduld und Nachsicht die Tage angenommen und war in der Lage, mit einem Lächeln das Unbequeme zu ertragen.

Das Ende einer Suche und Wanderschaft –
Einweihung in den Mönchsstand

In seiner Autobiographie schrieb Swami Sivananda: *Auf der Suche nach einem persönlichen Lehrer kam ich nach Rishikesh und betete zum Herrn um seine Gnade. Es gibt viele egoistische Sucher, die meinen: Ich brauche keinen Guru; Gott ist mein Lehrer! Sie ziehen ein ockerfarbenes Gewand an und leben nach eigenem Gutdünken. Wenn sie mit Schwierigkeiten und Sorgen konfrontiert werden, geraten sie in Verwirrung. Ich mag es nicht, wenn die Regeln und Weisungen der Heiligen gebrochen werden. Wenn im Herzen eine große Veränderung geschieht, gibt es auch dazugehörige äußere Schritte. Die Größe und Freiheit eines Sannyasins ist für Ängstliche und Schwache kaum vorstellbar. Ein persönlicher Guru ist zu Beginn eine Notwendigkeit. Er allein kann den Weg zu Gott bahnen, die Fallen und Hindernisse aus dem Weg räumen. Selbstverwirklichung ist eine transzendente Erfahrung. Man kann den spirituellen Pfad nur betreten, wenn man den tiefen unbedingten Glauben an den Lehrer aufbringt, der die Wahrheit und das Wissen des Selbst erlangt hat.*

Am 1. Juni 1924, drei Wochen nach der Ankunft in Rishikesh erfüllte sich sein Wunsch. Als Kuppuswamy sein Reinigungsbad in der Ganga nahm, kam der Abt des großen Klosters von Sringeri des Weges. Dieses *Math* ist eines der fünf Klöster, welche der große Philosoph und Heilige *Sankara* vor zwölfhundert Jahren ins Leben rief und dem Hinduismus damit eine erneuernde Struktur verlieh. Beide fühlten sich zueinander hingezogen. Der ehemalige Doktor erkannte in dem Mönch seinen Lehrer und Sri Viswananda Sarasvati nahm ihn als Schüler an. Er initiierte ihn in den Stand des Sannyas und übergab ihm ein orangefarbenes Gewand.

Orange ist die Farbe der aufgehenden Sonne und symbolisiert das Erwachen inneren Verstehens. Für andere wird sichtbar, daß diese Menschen sich ganz dem spirituellen Leben widmen. Man begegnet ihnen mit Respekt, unterstützt sie materiell und vertraut sich ihnen an. Für den Sannyasin ist das Tragen dieser Farbe die ständige Erinnerung an sein Gelöbnis und somit eine große Hilfe zur Selbstkontrolle. Es bewirkt eine Beruhigung der äußeren Sinne und führt zu Gleichmut. Die vielen Gedanken über das eigene Aussehen und dessen Wirkung auf andere treten in den Hintergrund.

Während einer Feuerzeremonie wurden ihm die Geheimnisse der
Kaivalya oder Unabhängigkeit sowie die vier *Mahavakyas* anvertraut.
Diese »Großen Sätze« lauten:

Prajnanam Brahma	Brahman ist reines Bewußtsein
Aham Brahma Asmi	Ich bin Brahman
Tat Twam Asi	Du bist Das
Ayam Atma Brahma	Diese Seele ist Brahman

Dr. Kuppuswamy erhielt bei der Mönchsweihe den Namen: Swami
Sivananda Sarasvati. Der Titel »Swami« bedeutet soviel wie Selbstver-
wirklichter Meister, »Sivananda« weist hin auf die Glückseligkeit in Siva
und »*Sarasvati*« ist der Name für den unterirdischen mythischen Fluß,
der bei Allahabad mit der Ganga und der *Yamuna* zusammentrifft. Er
bezeichnet auch die Gattin Brahmas in der Mythologie. Sie gilt als die
Göttin der Künste und Beredsamkeit. Aus ihr ist die Ritualsprache des
Sanskrit hervorgegangen.

Als Asket in Rishikesh, dem Kleinod am Rande des Himalaya

Als Swami Viswananda Sarasvati seine Pilgerreise fortsetzte, entschied sich Swami Sivananda dafür, in Rishikesh zu bleiben. Ihm war der Segen des Guru und damit die Gnade des Herrn zuteil geworden. Nun galt es, *die neue Saat durch Selbstdisziplin zu schützen, mit Liebe zu wässern und durch Entschlossenheit wachsen zu lassen,* wie Sivananda es später in einem Aphorismus ausdrückte.

Rishikesh war seit alters her ein bevorzugter Ort. Die Helden des Ramayana, *Rama* und *Lakshman* hatten sich hier in Entsagung geübt und mittels geistiger Kraft eine Brücke über die reißende Ganga errichtet. In der Umgebung des Ortes wohnen auch heute noch viele Yogins, Hermiten und Gottsucher. Es gibt spezielle Häuser, in denen die Asketen ihr Essen bekommen. Die meisten von ihnen leben im Sommer in der Bergeinsamkeit und kommen zum Winter hinunter nach Rishikesh, wo sie in einfachen Behausungen am Ufer der Ganga leben. Der Fluß lädt zur Kontemplation ein. Sein heilbringendes, klares Wasser ist Nahrung für die Seelen der Menschen, die in ihm baden. Es gibt viele *Ashramas* und Einsiedeleien. Das Klima ist sehr angenehm, im Winter kühl und im Sommer erträglich heiß. Das kalte Wasser der Ganga sorgt während des feuchten Monsuns von Juni bis September für angenehme Kühle am Ufer des Flusses.

Der neue Swami fand etwa zwei Meilen nördlich des Ortes eine Hütte für sein *Sadhana,* wie der geistige Übungsweg bezeichnet wird. Einmal am Tag machte sich der *Sadhaka* auf den Weg für seinen Bittgang zu einem der Verpflegungshäuser. Schnell gewöhnte er sich an die äußerst karge Nahrung, die er dort in Empfang nehmen durfte: einen *Roti* oder auch *Chapati,* das indische Fladenbrot. Dazu gab es meistens *Dhal,* eine dünne Linsensuppe.

Manchmal begab er sich auf extra lange Bettelgänge, um etwas Abwechslung beim Essen zu haben. Bald legte sich der Wunsch nach gewürzten Speisen und süßen Rotis. Zu dem großen Nepali Baba, der selbst eine köstliche bengalische Suppe austeilte, ging er bisweilen, um so dessen Darshan zu empfangen. Nach einiger Zeit bezog Sivananda eine heruntergekommene Hütte im Brahmananda Ashram. Dieser war näher bei den Almosenhäusern. Zwar kamen dort mehr Besucher vorbei, aber dafür hatte er von der einfachen Behausung seiner *Kutir* einen Blick auf die Ganga und die Vorberge des Himalaya.

Wenn er völlig allein sein wollte, zog er sich in einen winzigen, versteckten Unterschlupf am Ufer zurück oder verbrachte die Tage im nahen Dschungel. Er vergaß aber nie, daß sich die Kontemplation zu einem egoistischen Genießen von Glücksgefühlen entwickeln kann und dadurch die Mitmenschen dem Sadhaka unwichtig erscheinen können. So begann er, sich um Alte und Kranke unter den Asketen und Sadhus zu kümmern. Swami Kalikanandaji, ein angesehener Mahatma, sprach ihn eines Tages an, ob er mit seiner Unterstützung eine Apotheke führen wolle. Dort sollten auf Wohltätigkeitsbasis Medikamente an Bedürftige verteilt und Kranke behandelt werden. Siva, wie er auch kurz gerufen wurde, willigte ein und es entstand die »Satya Sevashram Dispensery« in der Nähe des *Lakshmanjhula*-Tempels. *Satya* bedeutet Wahrheit und *Seva* bezeichnet den hingebungsvollen Dienst. Das Dörfchen, wo sich die Apotheke befand, wurde von den Pilgern aufgesucht, bevor sie sich auf den anstrengenden Weg zu den höchsten Tempeln Indiens aufmachten. Während der Pilgermonate im Sommer versorgte er besonders die Rückkehrer der *Yatra*, die von den langen Fußmärschen oft geschwächt waren.

Swami Sivananda nahm schnell Kontakt auf und kannte bald sehr viele der Sannyasins und Sadhus um Rishikesh. Bestimmte Swamis hielten ihn auf dem Laufenden über die Gebrechen seiner Schützlinge. Wenn es nötig war, blieb er einige Tage in der Hütte eines Kranken und setzte all seine vorhandene Kraft ein, ihm beizustehen. In dieser Zeit machte er die Bekanntschaft der Fürstin von Singhai. Sie hatte eine Villa in Rishikesh und brachte zu den Besuchen immer eine große Menge Früchte und Süßigkeiten mit, die er schnell weiterverschenkte. Einmal hörte er davon, daß sie ihn zu einem großen Festessen einladen wollte. Er ließ sich vom Nachbarn für die Zeit, in der die *Maharani* ihren Boten schicken würde, in seiner Behausung einschließen. Der Diener wartete einige Stunden auf die angebliche Rückkehr des Swami, welcher anstatt sich versuchen zu lassen, in tiefer Kontemplation verharrte. Drei Tage blieb er in der verschlossenen Hütte, bis die Maharani abgereist war und der Freund ihm aufschloß.

Das entbehrungsreiche Leben des »Vorzeige-Swami« im Swarg Ashram

Der Sannyasin mit dem majestätischen Körperbau erregte Aufsehen im Ort, weil er manch untypische Verhaltensweisen für einen Mönch an den Tag legte. Man sah ihn bei Dauerläufen, die er durch turnerische Übungen unterbrach. Auch schien er sich für alles mögliche zu interessieren, wobei doch Mönche das Weltliche hinter sich lassen sollten. Wann immer man ihm begegnete, traf man ihn singend an. Als »Doktor Swami« hatte er unter der Bevölkerung einen guten Ruf erworben, da er sich immer als sehr hilfsbereit erwies.

Aufgrund einer Empfehlung bekam Swamiji, wie man ihn liebevoll ansprach, eine recht großzügige Kutir auf dem weiten Gelände des *Swarg* Ashrams zugewiesen. Dies war eine große Pilgereinrichtung, welche von einem Kuratorium unterhalten wurde. Manche Angestellte schauten auf die Asketen mehr oder weniger herab und sahen sie wie normale Bettler an. So war z. B. das lange Warten in der Essensschlange recht demütigend. Als jedoch Swami Sivananda immer angesehener unter der Bevölkerung wurde, zeigte man sich ihm gegenüber großzügig und gab ihm besseres Essen. Sivananda nahm es an, um die besonderen Zutaten bedürftigen Sadhus zukommen zu lassen. Man schickte Besucher zu ihm, die den Darshan eines *Jivanmukti* empfangen wollten. Sivananda flüchtete jedoch oft, wenn er bemerkte, daß die Menschen nur Interesse hatten, eine Kuriosität zu bestaunen.

Er hatte viele orange-tragende Personen kennengelernt, und den meisten fehlte ein wirklicher Lehrer oder die Unterscheidungskraft für ihr Sadhana. Viele wollten für sich irgendwelche überirdischen Kräfte, *Siddhis* genannt, erlangen; andere hatten den Wunsch, durch akrobatische Übungen Aufmerksamkeit zu erregen.

Swami Sivananda erhielt die geistige Führung außer durch einige Briefe seines Lehrers hauptsächlich von innen. Eine solide Basis hierfür war ein gesunder Körper. Um dieses Gefäß rein zu halten, praktizierte er regelmäßig Pranayama- und Körperübungen. Er hatte sich strenge *Tapas* auferlegt. Dieser Begriff bedeutet in der direkten Übersetzung Hitze oder auch Glut. Die Bußübungen sollen ein inneres Feuer entfachen, das den Körper und das äußere Willensleben reinigt. Sivananda achtete im Umgang mit dem Essen und Sprechen darauf, das Gemüt und die entsprechenden Sinne anzujochen und der Herrschaft des Willens zu unterstellen. Das Gefühl von »ich« oder »mein« sollte ausgemerzt werden. Er legte Zeiten des Schweigens ein und auch während der Essensausgabe und den Mahlzeiten hielt er sich streng an den Vorsatz von *Mouna*. Er stand regelmäßig um vier Uhr auf, ging zum Ufer, tauchte ein paarmal unter und begann dann das *Japa*-Gebet mit Hilfe eines Rosenkranzes. Diese Praxis führte er, hüfttief im kalten Wasser stehend, so lange aus, bis die Sonne sich zeigte.

Anstatt sich auf lange Gespräche einzulassen, begann er, Anweisungen für Meditation und Sadhana aufzuschreiben und zu verteilen. Sein Tagesablauf war genau geplant, um sich nicht aus dem Rhythmus bringen zu lassen. Nach Absprache mit der Ashram-Leitung baute er einen Stacheldrahtzaun um seine Kutir und verschloß das Tor. Ein Schild teilte den Besuchern mit: *Gespräche zwischen vier und fünf Uhr – fünf Minuten pro Person*. Im Winter, wenn nur wenige Besucher kamen, schloß er sich manchmal für mehrere Tage in seiner Hütte ein, lebte ausschließlich von alten getrockneten Chapatis, die er in Wasser eintauchte und langsam zerkaute. Er ging hart mit seinem Körper um und erzog ihn. Seine zwei Kleidungsstücke schützten ihn kaum vor der Kälte des Winters. Tiefe innere Sammlung und die unbedingte Entschlossenheit, Gott zu schauen, muß das Feuer in ihm entflammt haben, welches ihn wärmte und nährte. Swami Sivananda kontrollierte sein Sadhana mit Hilfe eines kleinen Notizbuches, dem er den Namen »Die Peitsche« gab. Er hatte sich auferlegt, täglich mehr als zwölf Stunden in Kontemplation zu verbringen. Bisweilen gab er auch die medizinischen Behandlungen und das Lesen in einer Ashram-Bücherei zugunsten der Meditation auf. Im Notizbuch vermerkte er seine Ziele für den kommenden Tag und wie er ihn gestalten wollte:

* *Kümmere dich um Straßenkehrer;*
* *Tue Schurken etwas Gutes;*
* *Diene Schwachen und Verwirrten;*
* *Räume Kot und Unrat beiseite;*
* *Vergiß schnell wie ein Kind,*
  wenn dir jemand etwas Unrechtes getan hat;
* *Laß keinen Haß entstehen.*

Immer wieder untersuchte und beobachtete er sein Verhalten, hielt abends Rückschau, ob er sich gegenüber anderen höflich und korrekt verhalten hatte, ob er seinen Auflagen gegenüber dem Essen treu geblieben war, ob er der Bequemlichkeit Raum gegeben hatte, ob er sein Wissen zur Schau gestellt oder unnötigerweise das Schweigen gebrochen hatte.

Sivananda fragte sich immer wieder, was seine Aufgaben und Fähigkeiten seien. Es war ihm einerlei, was andere dachten, wenn er sich unorthodox verhielt. In der heißen Sommersonne trug er den Sonnenschirm seiner Bekannten, der Maharani, um sie heimzubegleiten. Dort bereitete er ihr zuweilen die Wasserpfeife, wenn kein Diener anwesend war. Eines seiner Mottos hieß: *Sei geduldig gegenüber anderen, aber nicht nachsichtig dir selbst gegenüber.* Ihre großzügigen Geschenke gab er an andere weiter. Im Laufe der Zeit ihrer gegenseitigen Besuche läuterte sich das Wesen dieser Frau immer mehr und sie machte große Fortschritte in ihrer Meditationspraxis.

Je bekannter Swami Sivananda wurde, desto mehr Gaben bekam er auch von anderen Besuchern. Auf seinen Rundgängen brachte er diese Dinge dann zu denen, die sie gebrauchen konnten. Man sah ihn, mit drei Taschen behangen, schnellen Schrittes vorbeieilen, immer als erster grüßend und bereit, jedem seinen Dienst anzubieten. Eine Tasche enthielt Früchte und Süßigkeiten, eine andere Notizbücher, Stifte und Handzettel mit vervielfältigten Anweisungen und Aufsätzen. In der dritten bewahrte er Medikamente und ärztliche Instrumente auf.

Das Dienen und Geben war zu seiner Freude geworden. Wenn er einen Sadhu beim Bad in der Ganga erspähte, nutzte er schnell die Gelegenheit, in dessen Hütte Ordnung zu schaffen und gleich darauf weiterzugehen. Als einmal ein in der Nähe lebender Mönch an Pocken erkrankte, zog er für Wochen zu ihm und pflegte den Patienten, bis dieser wieder auf den Beinen war. Seine Idee war, daß der Helfer den Notdürftigen suchen sollte und nicht umgekehrt. Überall hielt er an, nahm Kontakt auf und erkundigte sich nach Personen, denen er zuvor schon einmal begegnet war. Mit anderen Swamis aus dem Swarg Ashram ging er manchmal in ein Dorf der weiteren Umgebung, und sie begannen dort mit dem Singen der Namen Gottes. Schnell kamen viele zusammen und beteiligten sich an dem Wechselgesang. Die Dorfleute erfreuten sich an seiner hingebungsvollen Stimme und fühlten, daß sich aus ihm eine Quelle der reinen Liebe ergoß.

Im Laufe der Zeit war in ihm der Wunsch, seine spirituellen Erfahrungen weiterzugeben, immer stärker geworden. So schrieb er Artikel für Zeitungen. Mit seinen frühesten Schülern, die sich in seiner Nähe niederließen, sammelte er in Rishikesh aus dem Abfall noch verwertbare Blätter und band sie zu Notizbüchern zusammen. Bis spät in die Nacht schrieb er mit dem Licht einer selbstgefertigten Lampe, die aus einem kerosingefüllten Tintenfaß samt Docht bestand. Die Aufsätze schickte er mangels Verleger einfach an den Postmeister von Madras, Kalkutta oder Lucknow mit folgender Bitte: *Dies sind die Gedanken, die mir gestern kamen. Ich denke, daß sie geistanregend sind. Bitte lassen Sie doch davon ein kleines Heft drucken. Sie können sie verteilen. Lassen Sie so viele drucken, wie Sie möchten, aber senden Sie mir bitte hundert Hefte.*

Tatsächlich erhielt er von einem Postmeister die hundert Exemplare mit der Notiz: »Ich bewundere Ihr Vertrauen«. Später, als er bekannter wurde, nahmen Verleger Kontakte zu ihm auf, um seine Werke zu veröffentlichen. Sein erstes Buch über Yoga erschien 1929 und hieß: Die Praxis des Yoga – Band 1.

Von den Spenden der Besucher ließ er Blätter mit Aufsätzen und Anweisungen drucken, die er auf seinen Rundgängen und Reisen verteilte. Er hielt auch Briefkontakt zu Ratsuchenden, die ihm zuvor einmal begegnet waren. Den Schreiben legte er jeweils ein Blatt über verschiedene Themen von Sadhana bei. Vielen, die ihn wegen mangelnder Gesundheit aufsuchten, wusch er die Füße. Hilfsbedürftige, die Swami aufsuchten, mögen sich über dessen ausgefallene Behandlungsweise gewundert haben. Sie dachten vielleicht: Ob das wohl hilft? Jedoch tief im Innern konnte die Seele aufatmen. Swami empfahl später auch den *Disciples*, die sich ihm anvertraut hatten, die Fußwaschung bei anderen zu praktizieren. Das tiefe Verstehen dieser liebeerweisenden Tat würde sich erst nach und nach erschließen.

Große Wallfahrten vertiefen die innere Schau – das Erleben der Natur als Gotteserfahrung

Vom Swarg Ashram aus unternahm Swami Sivananda seine großen Yatras. 1926 wanderte er mit drei weiteren Swamis nach Badrinath und Kedernath, den höchstgelegenen bedeutenden Tempeln Indiens. Sie führten dort rituelle Bäder in heißen und kalten Quellen aus. Die Welt der Gletscher und stillen Hochtäler, die Begegnungen mit den einfachen, naturverbundenen Bergbewohnern hinterließen einen tiefen Eindruck bei ihnen. Über einen Monat waren sie unterwegs auf schmalen Pfaden längs der Quellflüsse der Ganga, bevor sie Rishikesh wieder erreichten.

Eine andere große Reise führte ihn bis nach Rameswaram im äußersten Süden des Landes. Im dortigen berühmten Tempel übergießen sich die Pilger mit den Wassern von dreiundzwanzig Quellen, die mit den Hauptflüssen Indiens in Verbindung gebracht werden. Sivananda war immer bestrebt, sein Wissen zu erweitern und schrieb die Mythen und Legenden auf, wie sie in der jeweiligen Region erzählt wurden. Die berühmten Tempel sind verwoben mit Handlungen, die den großen Epen entsprangen. Viele der alten Monumentalbauten stehen genau dort, wo geologische Besonderheiten zu finden sind, wie heiße Quellen oder besondere Berge und Felsformationen. Es gibt immer wieder Feste, durch welche die Begebenheiten aus alter Zeit überliefert werden und das Volk sich seiner Wurzeln erinnert.

Sivananda nutzte auf seinen Reisen auch Gelegenheiten, Heilige aufzusuchen und ihren Darshan zu bekommen. Am Geburtstag des großen Weisen *Ramana Maharshi,* dessen Werke zur Selbstfindung weltweite Anerkennung gefunden haben, sang er mit vielen anderen Besuchern Lieder zum Lobe Gottes.

Swami Sivananda umschritt dort in Tiruvannamalai früh morgens den heiligen Berg des Südens. *Pradakshina* des Berges *Arunachala* gilt seit alters her als ausgezeichnete Reinigung des Seelenkleides. Der »unbewegliche Berg der Morgenröte« wird als ein gewaltiges Siva-Lingam verehrt, welches hier einmal als riesige Feuersäule in Erscheinung trat. Brahma und *Vishnu* hatten zuvor darum gestritten, wer von ihnen der mächtigere sei, als plötzlich dieses Symbol von Sivas Größe vor ihren Augen Gestalt annahm. Brahma erhob sich in Gestalt eines Schwans in die Lüfte und Vishnu bohrte als Eber ein tiefes Loch in die Erde, um das Ende dieser Säule zu finden. Nach erfolgloser Suche kehrten sie erschöpft zurück und mußten bekunden, daß Siva der unendliche Herrscher über das All sei.

Auf dem Rückweg vom Kailash, 1931

Eine Reise im Jahre 1930 führte ihn nach Kalkutta und von dort mit einem Boot zu der Stelle, wo die Ganga in den Golf von Bengalen mündet. 1931 begab Swami Sivananda sich mit einer Gruppe von angesehenen Swamis und der Maharani von Singhai, die schon ein recht hohes Alter erreicht hatte, zum Berg *Kailash* in Zentraltibet. Dieser ist den Buddhisten heilig, und für die Hindus ist es der Berg *Meru* und Mittelpunkt der Erde. Seine wohlgeformte Gletscherpyramide erstrahlt weiß über dem kargen Hochland. Drei große Flüsse entspringen dem Massiv und be-

43

fruchten weite Teile Asiens: der Indus, der Brahmaputra und der Sutlej. Der Kailash gilt als der Thron Sivas. Dieser verweilt dort in tiefer Meditation und schaut dem Weltgeschehen unberührt zu. Die Pilger benötigten für die schwierigste aller Yatras fast zehn Wochen und legten über siebenhundertachtzig Kilometer zu Fuß zurück. Den Höhepunkt bildete die Umrundung des Kailash und ein Bad im glasklaren, kalten Wasser des *Manasarovar*-Sees. Sivananda suchte auch den sechstausendzweihundert Meter hoch gelegenen *Gaurikund* auf, zerschlug das Eis und tauchte unter in dem »Teich der göttlichen Mutter«.

Die Erfüllung

Swami Sivananda war zu dieser Zeit auf einem Höhepunkt seines langen Sadhana angelangt. Wann und wie er den Darshan des Herrn, den Zustand von *Samadhi* erleben durfte, hat er niemals genau preisgegeben. Diese höchste Stufe menschlichen Daseins entspricht einer umfassenden Einheitserfahrung. Es stellt ein Bewußtseinsereignis dar, welches die Zustände von Wachen, Traum und Tiefschlaf transzendiert, indem der Meditierende sich selbst vergißt und mit dem objektiven Gewahrsein der Wirklichkeit verschmilzt. Diese transzendente Erfahrung wird auch als *Satchitananda* bezeichnet, die Einheit von Sein, Bewußtsein und Glückseligkeit. Wird einem Menschen diese höchste Gnade zuteil, kann sie nicht mehr weichen. Alle menschlichen Bindungen und Ängste gehören dann der Vergangenheit an. Der Schleier von *Maya* ist fortgenommen worden und somit auch das subjektive Erleben von Zeit, welches dem menschlichen Bewußtsein unterliegt. Swami Sivananda hat, obwohl Worte begrenzt sind und das Unfaßbare für den Verstand nicht nachvollziehbar ist, sein Empfinden darüber beschrieben:

Ich gab diesem glücklichen Tag größtes Ansehen und Gepränge,
helles Licht und freudige Lieder durchfluteten mich.
Mein Wunsch hat sich erfüllt. Ich bin meinem Geliebten begegnet.
Wie kann ich treffende Worte finden für Seine Schönheit?
Strahlend wie Millionen Sonnen thront Er in meinem Herzen.
Als ein Lüster von Liebe verbreitet Er seinen Glanz.
Ich badete Ihn mit dem Wasser der Liebe. Ich schmückte
Ihn mit Girlanden der Liebe, ich gab Ihm Butter und Karamel.
Ich habe vom Kelch der Liebe gekostet. Er ist gefüllt bis zum Rand
vom Elixier der reinen Freude. Fortwährendes Entzücken entspringt
ihm durch die Gnade des Herrn, der sich meiner erbarmt hat.
Gesegnet bin ich, der Ihn schauen durfte.

Initiation der ersten Schüler

Seit diesem Erleben fühlte Swami Sivananda sich berechtigt, seine engsten Schüler in den Mönchsstand einzuweihen und für ihren spirituellen Weg Verantwortung zu tragen. Der spätere Swami Paramananda aus Madras erhielt auf seinen ersten Brief an den Weisen folgende Antwort: *Sie sind ein Mensch von spirituellen Tendenzen. Nähren Sie diese. Vervollkommnen Sie sie. Vergrößern Sie diese. Kommen Sie nicht her. Bitten Sie um Einlaß im Sri Aurobindo Ashram in Ihrer Nähe oder in der Ramakrishna Mission, Madras. Sie werden dort Ihre geistigen Qualitäten entschieden wei-*

terentwickeln. Beißen Sie sich dort fest wie ein Blutegel. Eine jugendliche Begeisterung wird nicht ausreichen; nur Gefühle können nichts ausrichten auf dem spirituellen Weg. Es ist kein rosiger Pfad, er ist voller Dornen, Skorpionen und Schlangen. Der Weg ist holprig, steil und extrem schwierig, aber leicht für einen Menschen mit einer starken Entschlossenheit: »Ich werde Gott erkennen oder mein Leben beenden«. Ein starker Wissensdurst ist nötig. Führen Sie ein Tagebuch über Ihr geistiges Fortschreiten, schreiben Sie alles auf. In der Zukunft legen Sie Briefmarken für die Antwort bei.

Der zweite Brief vom Oktober 1930 gibt klare Anweisungen an den Ratsuchenden: *Legen Sie soviel Geld wie möglich zurück. Selbst Sannyasin brauchen es, die Bevölkerung verliert die Achtung vor diesen Dingen. Besuchen Sie oft die Ramakrishna Mission in Ihrer Stadt. Haben Sie zwei wichtige Pole der Freude: studieren und meditieren. Schneiden Sie alle äußeren Wünsche nach Vergnügen ab.*

Der dritte Brief vom Dezember des gleichen Jahres, nachdem der Schüler seinen Wunsch geäußert hatte, den Lehrer zu treffen, lautet: *Kommen Sie für einige Tage in den Swarg Ashram. Zweifellos wird Ihnen die Einsamkeit und die Atmosphäre hier gefallen. Wohnen Sie bei Swami Satchitananda. Sagen Sie meinen Namen. Er wird Sie unterbringen. Er wird Ihnen dienlich sein. Versichern Sie sich meiner Adresse bei dem Postmeister, und lassen Sie mich Ihre Ankunft wissen. Das wird gut sein. Haben Sie bitte den Darshan von Swami Advaitanandaji und Tapovan Swamiji. Sie sind beide gute Sannyasin. Sie sind meine intimen Freunde. Und noch etwas anderes – Hören Sie bitte – Seien Sie nicht zu vorschnell, die Welt zu verlassen. Sie ist die Arena, um viele reine, sattva-artige Eigenschaften zu entwickeln. Die Welt ist der beste Lehrer für solche, die belohnt werden möchten. Bleiben Sie noch für einige Zeit dort. Arbeiten und sparen Sie und erfreuen Sie sich an einem tugendhaften Leben. Gelassenheit erhebt sich aus dem Vergnügen. Dann erst wird diese stark, stabil und intensiv sein. Heiraten Sie nicht. Das ist eine andere Sache. Die Welt ist keine Hölle. Es ist alles Glückseligkeit, wenn das Ego und die Gegensätze von Freude und Leid wegsterben. Ändern Sie Ihr Verhalten im Denken. Besuchen Sie all die heiligen Orte und Menschen. Das wird Sie anfeuern. Aber verlassen Sie die Welt nicht so schnell. Der geistige Weg ist keineswegs rosig. Er ist voller Dornen.*

Der nächste Brief vom Januar 1931 vermittelt einen Eindruck von der tiefen Liebe Swami Sivanandas gegenüber dem zukünftigen Disciple. Es wird ersichtlich, wie wichtig es ihm ist, den *Chela* für das Kommende richtig auszustatten: *Ihre Hingabe zu Gott und der Religion wird Sie zweifellos aus dem Sumpf herausziehen. Möge Gott Ihnen die geistige Kraft und Stärke gewähren, um das Ziel des Lebens zu erreichen – Gottverwirklichung. Seien Sie so gut und treten Sie der Ramakrishna Mission bei. Dort werden Sie gewaltige Fortschritte machen. Ich versichere es Ihnen. Bleiben Sie der Mission für einige Jahre treu. Sie können für einen Besuch kommen, aber nicht, um länger zu bleiben. Schauen Sie, bevor Sie springen. Denken Sie darüber nach. Betrachten Sie Ihre Situation genau. Geben Sie Ihren Beruf nicht auf. Später bereuen Sie es. Sparen Sie so viel Geld wie möglich. Das ist wichtig. Arbeiten Sie noch einige Jahre weiter. Die Welt ist der beste Lehrer. Dort haben Sie eine Menge zu lernen. Seien Sie nicht ungeduldig. Draufgängertum und jugendliche Begeisterung werden nichts ausrichten. Dieser Weg ist mühsam und gefährlich.*

Der Suchende hatte nach reiflicher Überlegung den Anweisungen Folge geleistet und war der Ramakrishna Mission beigetreten. Im Spätsommer 1931 antwortete Swami Sivananda auf einen Brief: *Ich bin von der langen Tour vom Berg Kailash zurück. Ich fand Ihren liebenswerten Brief vor. Ich gratuliere Ihnen zu Ihrem kühnen Schritt. Es drückt Ihre Stärke aus, die Dinge richtig in die Wege geleitet zu haben. Möge Gott Ihnen die nötige Kraft und ein doppeltes Durchhaltevermögen geben, Brahman zu realisieren. Sie haben alle Bindungen an das Weltliche abgeschnitten. Nun können Sie ungehindert fortschreiten. Halten Sie sich an die Mission und dienen Sie allen Älteren mit Respekt, Wahrhaftigkeit und Selbstlosigkeit.*

In weiser Voraussicht, daß der Schüler ihm bald folgen werde, gab Swami Sivananda ihm wichtige Ratschläge, die ihn zu einem ausgezeichneten Mönch werden lassen sollten: *Sprechen Sie unter allen Umständen immer die Wahrheit. Die Wahrheit kann niemandem schaden. Es wird Ihnen spirituelle Kraft verleihen. Die Wahrheit kann nur dadurch erreicht werden, daß man aus der Wahrhaftigkeit heraus spricht. Kontrollieren Sie Ihren Ärger, indem Sie sich in Geduld, aufrichtiger Liebe, Mitgefühl und selbstlosem Dienen üben. Lassen Sie in sich Menschlichkeit, Großmut und Zivilcourage wachsen. Widmen Sie sich täglich sechs Stunden den heiligen Schriften und weitere sechs Stunden der Meditation. Vergessen Sie die Vergangenheit. Leben Sie ganz in der Gegenwart. Geben Sie alle idealistischen Erwartungen auf. Wenn Menschen Sie drangsalieren, ärgern oder beschimpfen, bleiben Sie ruhig. Revanchieren Sie sich nicht. Lassen Sie die Bergpredigt aus dem Evangelium des Matthäus täglich auf sich einwirken, bevor Sie an die Arbeit gehen. Ich zitiere eine Stelle, durch die Sie Befreiung erlangen werden, wenn Sie täglich darüber nachsinnen. Führen Sie den Rat unter allen Umständen aus, wann immer es möglich ist: ›Liebet eure Feinde, und betet für die, die euch verfolgen. Tut denen Gutes, die euch hassen oder verachten.‹ Praktizieren Sie dies. Es ist schwierig, aber es kann und muß getan werden.*

Der Schüler kam nach Rishikesh. Hier ist sein Bericht über das erste Zusammentreffen: »Ich trat in Swamis Kutir ein. Er empfing mich mit großer Freude. Schüchtern und etwas unsicher bat ich um geistige Anweisungen. Er fragte mich: *Wissen Sie, wie man* »Namaskar« *vor Älteren und Mönchen macht?* Ich stand scheu und betreten da. Er fiel zu Boden und demonstrierte mir, mit welchem Respekt man solche Menschen begrüßt. Mir war, als ob der mächtige Himalaya sich zu Boden geworfen hätte. Dann folgte ein Schwall feuriger Worte gleich einem kräftigen Hagelschauer: *Junge Novizen sind egoistisch, arrogant und leichtsinnig. Sie sind nicht fähig, sich zu verneigen. Sie haben ihre Sinne nicht im Griff. Dummerweise sehnen sie sich nach Siddhis, übernatürlichen Fähigkeiten und dem Nirvana, ohne eine solide Basis geschaffen zu haben. Nur Dienen, Dienen*

und nochmals Dienen gegenüber Mahatmas und Kranken wird das Herz gründlich reinigen und wirklichen Fortschritt bringen. Tragen Sie Wasser zu ihren Hütten, kümmern Sie sich aufopferungsvoll um die Kranken. Massieren Sie ihnen die Beine. Waschen Sie ihre Kleidung. Stehen Sie um vier Uhr auf? Wie viele Male üben Sie Japa mit dem Rosenkranz? Wie viele Stunden halten Sie das Schweigen? Wie häufig lachen Sie laut heraus und reden über unwichtige Dinge?

Sprachlos stand ich da wie eine Statue, mein Atem stockte. Die Zeit schien stillzustehen. Endlich verneigte ich mich und ging hinaus. Ich ließ dieses Gewitter in mich einwirken und schrieb danach alles auf. Es öffnete mir die Augen.«

Der junge Besucher wurde *Brahmachari* und trug weiße Kleidung als das Zeichen eines Novizen. In Indien begegnet einem der Begriff *Brahmacharya* häufig. Es beinhaltet die Lebensweise nach den Gesetzen der Veden und steht für die Reinheit in Gedanken, Worten und Werken. Mäßigung und Enthaltsamkeit im Umgang mit den Sinnen wird durch die Kontrolle der Wahrnehmungsorgane angestrebt. Menschen, die ein Gelöbnis der sexuellen Enthaltsamkeit abgelegt haben, bezeichnet man als Brahmachari. In der Philosophie der Veden ist es der höchst wünschenswerte Zustand von Menschsein, der den Sieg des guten Charakters über die dunklen Mächte hervorzubringen vermag. Ohne zölibatäre Lebensweise in geistiger und physischer Hinsicht sei der Zustand von Meditation nicht möglich, heißt es in den heiligen Schriften.

Swami Sivananda sorgte dafür, daß der junge Novize bei den Bettelhäusern Essen bekam. Während des Wartens in der Essensschlange gelang es dem Novizen kaum, seine Zunge zu bändigen. So sehr liebte er philosophische Gespräche und den Austausch von Erfahrungen. Sivananda wies ihn mehrmals darauf hin, wie wichtig es sei, nur das auszusprechen, was für den anderen nötig und aufbauend sei. 1932 wurde er in den Mönchsstand aufgenommen und widmete sein weiteres Leben der Verbreitung von Spiritualität unter den Menschen Indiens.

Vom Wunsch,
das Glück mit allen zu teilen

1932 war auch das Jahr der ersten Reisen Sivanandas mit seinen Schülern an verschiedene entfernter gelegene Orte, um für mehrere Tage dort spirituelles Wissen zu verbreiten. Swami Atmananda leitete die Kirtan-Gesänge und Swami Swarupananda übersetzte die Reden Sivanandas aus dem Englischen ins Hindi. Ein Auszug der Ansprache in Sitapur: *Ohne Religion können Sie nicht leben. Ohne den Namen des Herrn auf den Lippen können Sie nicht wirklich leben. Nehmen Sie Zuflucht zu Seinem kostbaren Namen. Leben Sie in Gott. Leben Sie in Brahman. Diese Welt ist nichts weiter als eine kurze Station. Beginnen Sie Ihren spirituellen Weg. Führen Sie ein Leben von Selbstlosigkeit, innerer Ruhe und Meditation. Wenden Sie sich heiligen Menschen und ihren Schriften zu. Meditieren Sie. Stellen Sie sich die Frage:* »Wer bin ich?« *Die Dunkelheit um Sie herum wird dann weichen. Allmählich wird ein Erkennen der Wahrheit heraufdämmern. Steigen Sie unentwegt weiter den steilen Pfad hinauf und streben Sie entschlossen der Spitze des Wissens zu durch eine Vertiefung Ihres Sadhana in Gelassenheit und Zuversicht.*

Swami Sivanandas einziger Wunsch war nunmehr, die Menschen Indiens und der Welt an dem Segen, der ihm widerfuhr, teilhaben zu lassen. Die Gruppe organisierte Kirtan-Veranstaltungen mit Meditationen und Unterweisungen. Manchmal mieteten sie dafür einen offenen Lastwagen, fuhren durch die leeren Straßen und sangen die Menschen aus dem Schlaf. Vom Nachmittag bis in die Abendstunden wechselten Ansprachen und Erläuterungen über die Weisheitsbücher mit den Gesängen ab. Die Essenz der großen Epen wurde auf einfache Weise den Volksmengen, die sich versammelt hatten, dargebracht. Das Wesen des Yoga erklärte Sivananda an praktischen Beispielen und durch Parabeln. Am Ende der Woche in Sitapur hatte sich die ganze Stadt spirituell aufgeladen, und seine Anwesenheit hinterließ deutliche Spuren in den Herzen der Menschen.

In manchen Städten organisierte die Gruppe ein ununterbrochenes Singen von sieben bis zehn Tagen. Es gab genügend Musiker, die sich bereiterklärten, die Gesänge zu begleiten. Teilweise bekamen die Swamis großartige Unterstützung, so daß sich das Treffen zu einem Fest ausweiten konnte. Feldküchen verpflegten Bettler und Hungrige. Händler mit ihren Verkaufskarren boten ihre Waren feil. Die Plätze wurden von religiösen oder städtischen Einrichtungen zur Verfügung gestellt. Manchmal forderte Sivananda Personen aus dem Publikum auf, sich auf das Podium zu setzen und von dort mitzusingen. Er scheute sich nicht, in der Öffentlichkeit bekannte Personen wie Professoren, Doktoren und hohe Regierungsbeamte zu fragen. Nach anfänglichem Zögern stimmten die meisten mit ein und manch einer begründete später eine Gruppe, die sich zu Kirtan und Meditation traf.

Swamis natürliche Umgangsweise ließ nie eine scheinheilige Atmosphäre aufkommen. Im Gegenteil erstaunte er die Anwesenden durch neue, unkonventionelle Ideen. Mal sang die Kirtan-Gruppe vom Rücken eines Elefanten, mal von einem Boot auf dem Fluß, mal auf Bahnsteigen oder öffentlichen Plätzen. Während dieser Zusammenkünfte wurden Hefte und Flugblätter verteilt. Immer wieder gab er kurze Unterweisungen. Häufig empfahl er das Schreiben eines Mantra. So konnte man auf diesen Versammlungen Menschen beobachten, die etwas abseits am Boden kauerten und ihre Notizbücher mit dem Namen Gottes füllten.

Auf diesen Reisen in die verschiedenen Landesteile Nordindiens er-laubte Sivananda den Organisatoren nicht, ihn vorzustellen oder durch lange Reden anzukündigen, wie es in Indien üblich ist. Formalitäten jeglicher Art waren ihm fremd und führten seiner Ansicht nach zu Stolz und Steifheit. Obwohl er sich bei Gastgebern erkenntlich zeigte, ließ er

sich kaum darauf ein, wenn andere sich bei ihm bedanken wollten. Auch nahm er kein Geld für die Weiterreise an; stattdessen bat er darum, möglichst viele seiner Hefte und Broschüren nachdrucken zu lassen und an Interessenten weiterzureichen.

Durch diese Touren wurde Swami Sivananda immer bekannter, und er erhielt sehr viele Einladungen. Besonders im Punjab, das heute zum Teil zu Pakistan gehört, entstanden viele Bhajan-und Meditationsgruppen. Zu ihrer jährlichen Konferenz in Lahore kamen über zehntausend Menschen zusammen. Es passierte manchmal bei den Gesängen, daß Sivananda in einen Samadhi-Zustand fiel, der *Sambhavi Mudra* genannt wird.

Auf diesen Veranstaltungen schonte sich Sivananda nicht. Unregelmäßiges Essen und äußerst wenig Schlaf brachten seine Gesundheit ins Wanken. So hatte er starke Anfälle von Durchfall. Auch hohes Fieber schreckte ihn nicht ab, aufs Podium zu steigen. Wenn manchmal sehr emotionale Begeisterungsrufe oder unkontrollierte Bemerkungen von einigen Teilnehmern die Veranstaltung störten, wurde das Singen unterbrochen und diejenigen zurechtgewiesen, welche sich hervorheben oder den Gesang als ein weltliches Vergnügen mißbrauchen wollten. Bei sehr gemischten Versammlungen wechselte Swami innerhalb eines Liedes die Sprache und gestaltete sie so, daß sich alle angesprochen fühlen konnten. Selbst manche Intellektuelle brachte er soweit, ihre Vorurteile gegenüber dem Singen von Gottesliedern zu vergessen. Am Schluß eines solchen Treffens liebte er es, sich unter die Ärmsten zu mischen. Den Privilegierten, die ihn noch gern eine Weile für sich gehabt hätten, ging Sivananda eher aus dem Weg.

Diese Großveranstaltungen mußten genau geplant werden und Swami Sivananda schickte ein oder zwei seiner Schüler voraus, um alles in die Wege zu leiten. Er schrieb ihnen Briefe und bat darum, die Anweisungen auszuführen. Unterzeichnet waren diese Schreiben oft mit: *Ihr treuer Sevak Sivananda*. Mit *Seva* bezeichnet man die Arbeit, welche Gott gewidmet wird und als ein Bestandteil des Sadhana ausgeführt wird. Seva soll in selbstloser Weise als Arbeitsmeditation zum Wohle aller verrichtet werden.

Der Verein zur Förderung der Mönche

Im Swarg Ashram lebten ungefähr hundert Mönche, Gottsucher und Asketen. Man traf sich abends zum gemeinsamen Bhajan-Singen. Der Manager des Kuratoriums Swarg Ashram liebte seine Tätigkeit. *Swarg* bedeutet Himmel, und für diesen Herrn mag es wohl eine himmlische Zeit zu Beginn der dreißiger Jahre gewesen sein. Swami Sivananda wußte, daß die meisten der Asketen mit ihrem Sadhana nicht gerade gut zurechtkamen, und er hatte den Plan, einen Verein zu gründen. So könnte er im Vorstand Einfluß nehmen, aber er wollte Gleicher unter Gleichen bleiben. Noch 1931 bemerkte er auf eine Frage: *Ich bin nur ein ganz normaler Mönch. Ich werde nicht in der Lage sein, ihnen große Dienste leisten zu können. Weiterhin möchte ich nicht viele Schüler um mich scharen. Ich kann ihr inniger Freund sein bis ans Lebensende, aber ich halte keine Personen für lange Zeit an meiner Seite. Ich unterrichte sie für ein paar Monate, und dann sollen sie sich für die Meditation in die Berge zurückziehen.*

Im August 1933 wurde offiziell der Verein mit dem Namen »Swarg Ashram Sadhu Sangha« gegründet. Hier die wichtigsten Satzungspunkte:

1. Abhilfe für die Nöte von Sadhus
2. Medizinische Hilfe für kranke Mitglieder und Pilger
3. periodische Vorträge und Gesprächsrunden über philosophische Themen
4. das Abhalten von Kirtan-Abenden in und außerhalb des Ashrams
5. Einrichtung von Yoga-Klassen für Mitglieder und Besucher

Die Arbeit des Vereins lief schnell an; einige junge Interessenten wurden neu im Ashram untergebracht. Als jedoch der wohlwollende Leiter plötzlich starb und ein junger Mann sein Nachfolger wurde, trat eine Wende ein. Swami Sivananda schaute dem Geschehen eine Zeitlang zu und nahm die Einschränkungen beim Essen und andere Gängeleien hin. Als es jedoch durch Bevorteilung einzelner zu einer Blockbildung unter den Sadhus kam, welche die Arbeit des Vereins untergraben sollte, stellte Sivananda den Direktor höflich, aber äußerst bestimmt zur Rede. Man hatte ihn so noch nicht erlebt und es zeigte sich, daß sein Name Sivananda auch zu dem ungestümen, zerstörerischen Aspekt Sivas paßte.

Für einige Zeit besserte sich die Situation. Der *Mahant* entschuldigte sich für sein Verhalten und versprach, den Ashram gemeinnützig zu führen. Doch schon bald kam es während Sivanandas Abwesenheit zu Streitereien und die Polizei mußte gerufen werden. Swami Sivananda war nun klar, daß er den Swarg Ashram verlassen mußte. Es machte keinen Sinn, gegen den Mahant anzukämpfen. Er erklärte seinen vier Schülern: *Wo immer ich hingehe, ist Swarg Ashram; selbst wenn ich nach*

Lahore oder Lucknow gehe, finde ich dort nur Swarg Ashram. Er bekam eine Unterkunft im Ram Ashram auf der anderen Seite des Flusses zwei Kilometer vom Ortskern. Die Schüler fanden erst einmal Unterschlupf in einem Pilgerhaus.

Sivananda Ashram

Vielleicht hat Swami Sivananda sich durch diese Vorfälle an sein elf Jahre zuvor in Benares abgegebenes Versprechen erinnert, sich wie ein Blatt vom Winde treiben zu lassen. Jedenfalls mußte er sein persönliches Ideal zurücklassen, als er den Umzug mit seinen Schülern unternahm. Er trug Verantwortung und war bereit für neue Aufgaben. Auf die neue Situation bezogen, sagte er einmal: *Ich hätte nie geträumt, daß Er mir die Sache so auferlegen würde. Ich habe meine Familie verlassen und letzt-*

55

lich alle Bindungen abgeschnitten mit der verschwommenen Idee, meine Zeit von nun an damit zu verbringen, an einem ruhigen Ort den Namen Ramas zu preisen. Aber jetzt hat Gott mir eine Familie gegeben, die so an mir hängt, daß ich sie nicht allein lassen kann, ob ich will oder nicht. Vielleicht bin ich dafür geboren. Solange irgend jemand fortfährt, aus diesem Selbst auch nur einen kleinen Nutzen zu bekommen, freue ich mich, ganz für ihn da zu sein. Ich gebe mich dem hin, der mich beansprucht.

Swami Sivananda und seine wenigen Schüler suchten nach einer gemeinsamen Unterkunft. Ende März 1934 waren sie erfolgreich. Sie fanden ein heruntergekommenes, leerstehendes Haus, welches sie notdürftig herrichteten. Swami Advaitananda und er zogen in einen Raum. Ein weiterer Raum diente als Büro und Apotheke. Hinter dem Haus auf dem Hügel bewohnten die übrigen Schüler eine Hütte, die sie aus Altmaterial zusammengebaut hatten. Diese bescheidenen Unterkünfte waren der Kern des späteren Ashrams mit stattlichen Ausmaßen. Schon nach kurzer Zeit mußte vergrößert werden. Wenn Geld gespendet wurde oder neue Schüler etwas einbrachten, wurde es hauptsächlich zur Verbreitung von Wissen eingesetzt. Sie kauften eine Schreibmaschine und einen Vervielfältigungsapparat.

Der heruntergekommene Trakt eines benachbarten Pilgerhauses, dessen türlose Räume als Kuhstall gedient hatten, wurden ihnen zur Verfügung gestellt. Eine andere verwahrloste Baracke übernahmen sie einfach in der Hoffnung darauf, daß niemand mehr Ansprüche auf sie erheben würde. Die neu eingeweihten Mönche gingen mit großem Enthusiasmus an die Arbeit. Swami Sivananda schrieb an den Maharadscha von Tehri Garwhal mit der Bitte um das Stück Land, auf dem sich ihre Behausungen befanden. Tatsächlich bekam er es zugewiesen und noch ein großes Nachbargrundstück auf dem Hügel in Richtung Dschungel dazu. Gott erwies ihm seine Gnade als ein Echo des gewaltigen Strebens nach Vollkommenheit und Unterweisung der Menschheit. Der Same war in fruchtbare Erde gefallen und begann zu sprießen. Nicht wie in der langen Zeit von Selbstdisziplinierung mit dem Blick zu den Bergen, sondern mit dem Himalaya im Rücken und dem großen indischen Subkontinent vor seinen Augen, sollte der Ashram erblühen.

Sivananda sagte von sich, daß es ihm nicht läge, lange im voraus zu planen. Außerdem entsprach es nicht seiner Natur, Geld auf die Seite zu legen. Es mußte sofort wieder ausgegeben werden. Nach und nach entstanden neben ihrer Bleibe, die den Namen »Ananda Kutir« bekam, weitere Unterkünfte und ein Raum, in dem Hefte vervielfältigt und gebunden wurden. Die wichtigsten, welche immer wieder nachgedruckt wurden, hießen: Zwanzig geistige unfehlbare Anweisungen; Der Weg zu Frieden und Segen; Vierzig goldene Regeln.

Wann immer sie etwas Geld bekamen, machten sie sich an die Arbeit, neue Informationshefte zu entwerfen und mühsam zu kopieren. Sie wurden gleich darauf an Interessenten verschickt. Nicht selten brannten, um die Arbeit zu bewältigen, die drei Petromax- Sturmlampen die ganze Nacht.

Der »Divine Life Trust« –
eine Institution wird geboren

Während einer Rückreise aus dem Punjab lud ein Verehrer Swami Sivananda nach Ambala ein. Spontan sagte Sivananda zu, wenn der einflußreiche Devotee ein Akhanda-Kirtan organisieren würde. Dieser war seinerseits einverstanden; die Fahrt wurde unterbrochen und am selben Abend begann das nächtliche Singen und Wachen. Je mehr sich die

»All-Night-Kirtan«

Nachricht verbreitete, desto größer wurde die Beteiligung und zum Ende der Woche waren es Tausende, die sich versammelt hatten und begeistert mitsangen. Aus dieser für die Anwesenden sehr erhebenden Atmosphäre wurde der Plan geschmiedet, das ganze Land zu spiritualisieren. Dazu bedurfte es einer Organisation, die imstande sein würde, das Anliegen voranzutreiben. Ein Anwalt empfahl ihnen, ein Kuratorium zu gründen. Gemeinsam wurde die Satzung aufgestellt und am nächsten Tag, dem 13. Januar 1936, konnte bereits der »Divine Life Trust« am Gericht von Ambala registriert werden.

Die Ziele und Aufgaben waren folgende:

1. die Verbreitung spirituellen Wissens
   - durch Bücher, Magazine usw.
   - durch Bekanntmachen der Existenz Gottes mit Hilfe von Vorträgen, Konferenzen und in Kirtan-Gruppen
   - durch Eröffnung von Zentren in und außerhalb Indiens zur Förderung des Yoga
2. die Errichtung von Schulen und Institutionen, an denen indische Philosophie weiter erforscht und gelehrt werden könne
3. organisierte Hilfeleistungen für Mittellose, Witwen und Waisen
4. der Aufbau von Apotheken und Krankenhäusern auf Wohltätigkeitsbasis

Die neue Institution wurde bei der Bevölkerung schnell angenommen, und viele fragten um eine Mitgliedschaft an. Da diese aber bei einem Kuratorium begrenzt ist, wurde 1939 die »Divine Life Society« ins Leben gerufen. Jeder konnte und kann dort unentgeltlich beitreten, der sich ernsthaft um das eigene und das spirituelle Wachstum der Welt bemühen möchte. Hier einige der wichtigsten Voraussetzungen, auf die man sich einlassen sollte:

1. tägliches Aufstehen zur Stunde des *Brahmamuhurta* um vier Uhr, da dies die günstigste Zeit für die Meditation bedeutet
2. die Einnahme von sattva-artigen Speisen sowie den Magen nicht zu überladen
3. der Verzicht auf Tabak, Alkohol, Drogen und Fleischgenuß
4. das Einhalten von Stille während der Mahlzeiten und täglich mindestens zwei Stunden zu schweigen
5. Achtsamkeit und Nichtverletzen der Gefühle anderer
6. sich nicht bedienen lassen
7. den Tag mit Gedanken an Gott zu beginnen und auch enden zu lassen
8. sich einen Platz für geistige Übungen einzurichten und regelmäßig zu meditieren
9. allabendliche Rückschau mit Hilfe eines geistigen Tagebuches
10. tägliches Ausführen von *Likhit Japa*
11. der Verzicht auf Kinogänge und modische Kleidung

Der Ashram wächst und gedeiht
durch die Kraft der Liebe

In dem regelmäßig erscheinenden Magazin der Gesellschaft, »The Divine Life«, wurde dazu eingeladen, an einem idealen Ort zum Meditieren Häuser zu erstellen. Ein *Mandir* für die Kontemplation und eine Bhajan-Halle seien ebenfalls geplant. Die Reaktion war sehr gut. Geschäftsleute und weitere Wohlhabende aus verschiedenen Teilen Indiens bauten Häuser auf dem großen Gelände am Hang über dem Strom. Diejenigen, welche sie nur für kurze Zeit im Jahr benutzten, stellten sie für andere Gäste oder Ashram-Bewohner zur Verfügung. Besonders Personen, die das Ende ihres Arbeitslebens erreicht hatten, zeigten Interesse. In Indien ist dies der Stand des *Vanaprastha,* wenn die weltlichen Pflichten zu Ende gehen und der Mensch sich ganz auf das Wesentliche, das Sein in Gott, konzentrieren soll.

1942 wurde die Bhajan-Halle fertiggestellt und ein Jahr später konnte daneben auf einer Anhöhe über der Ganga der »Tempel des Herrn aller Religionen« eingeweiht werden. Um diese Zeit bezog Swami Sivananda auch eine neue Kutir direkt am Ufer der Ganga. Dort verbrachte er von drei Uhr an die frühen Morgenstunden. Nach einem Bad in der Ganga schrieb er zwei bis drei Stunden an Artikeln oder an einem neuen Buch. Nach dem Frühstück war Sivananda meistens im Büro oder seiner Umgebung zu finden. Er war für Neuankommende immer gleich erreichbar. Es gab keine spezielle Zeit für den Darshan und auch keinen Raum dafür mit einem besonderen Sessel oder dergleichen.

Swami Sivananda liebte es, die Gäste in deren Sprache und Dialekten zu empfangen. Er hatte sich im Laufe der Zeit Begrüßungsworte in den Sprachen gemerkt, die er nicht beherrschte. Swami war der Meinung, daß man Gästen mit höchster Ehrfurcht begegnen sollte und man dürfe sie nicht warten lassen. Er legte großen Wert darauf, ihre Bedürfnisse zu erfüllen. So stattete er sie mit Büchern, Moskitonetzen und dergleichen aus. Als einmal die Frau des hoch angesehenen Maharadschas von Mysore den Ashram besuchte, stand Sivananda ganz zu ihrer Verfügung. Er sorgte dafür, daß die Unterkunft sauber war und brachte selbst die Wäsche zum Bügeln. Er las der Maharani ihre Wünsche von den Augen ab. Einmal organisierte Swami Sivananda, daß sie ganz ungestört ein Bad in der Ganga nehmen konnte. Sie dazu einladend, sagte er: *Ich bin Ihr Sohn, Sie zu bedienen ist mir eine große Freude.*

Sivananda fragte die Gäste nach ihren Fähigkeiten und unterstützte sie großzügig dabei, diese weiterzuentwickeln. Für ihn war Meditation

immer auch mit sinnvoller Arbeit verbunden. Nur Sitzen mit gekreuzten Beinen könne allzuleicht dazu führen, Luftschlösser zu bauen, die schon bald wie eine Luftblase zerplatzen würden. Er sorgte dafür, daß die Gäste den Tag über Aufgaben fanden, mit denen sie körperlich und geistig gefordert waren.

Wenn Besucher Früchte oder Leckereien mitbrachten, verteilte er die Sachen gleich. Swami war sich für keine Arbeit zu schade. Wenn Bauarbeiten auf dem Tagesplan standen, sah man ihn Steine schleppen. So kam es vor, daß er nicht immer sofort als derjenige erkannt wurde, um dessentwillen man die mitunter große Reise nach Rishikesh angetreten hatte. Sivananda trug weder irgendwelche Perlenketten am Leibe noch viel Asche oder farbige Pulver auf Stirn und Haut, wie es bei vielen Sadhus üblich war. Beim Essenausteilen bediente er des öfteren selbst und redete die Ashram-Bewohner, Arbeiter oder Gäste mit »Maharaj«, oder einem der vielen Namen Krishnas an. Alle Gäste sollten hier einen Ort vorfinden können, der sie inspirierte, das geistige Leben aufzunehmen. Sie sollten erfahren, daß ein erfülltes Leben möglich ist, wo Menschen in Selbstlosigkeit dem Wohl aller dienen. Zumindest einen tiefen Frieden sollten die Gäste hier in der Nähe von Mutter Ganga erfahren und die Erinnerung mit nach Hause nehmen. Obwohl er sich mit Wundertaten in der Öffentlichkeit völlig zurückhielt, blitzten seine seherischen Fähigkeiten manchmal humorvoll auf: *Es wird die Zeit kommen, daß hier nicht zwölf Schüler beim Essen sitzen; wenn alle in einer Reihe Platz nähmen, würde sie zwei Kilometer weit bis zur Lakshmanjhula-Brücke reichen.*

Swami Sivananda respektierte jegliche Religion oder Konfession und deren Propheten. In der Bhajan-Halle hingen Heiligenbilder und Symbole aller Bekenntnisse: *Eine Seele wohnt in allem. Es gibt nur eine Menschheit. Es gibt nur eine Brüderlichkeit. Es gibt nur eine Seligkeit, die des Atman. Niemand ist oben. Niemand ist unten. Alle sind gleich. Die Unterschiede sind nur Trug. Menschengemachte Abgrenzungen sollten unbarmherzig beseitigt werden. Nur dann wird Friede in dieser Welt herrschen. Es gibt nur eine Kaste, die Kaste der Menschlichkeit. Es gibt nur eine Religion, die Religion der Liebe. Es gibt nur ein Gebot, das Gebot der Wahrhaftigkeit. Es gibt nur ein Gesetz, das Gesetz von Ursache und Wirkung. Es gibt nur einen Gott, den allgegenwärtigen, den allmächtigen und den allwissenden Herrn. Es gibt nur eine Sprache, die Sprache des Herzens und die der Stille. Die Welt ist weder gut noch schlecht. Der Verstand erzeugt Gut und Böse. Es ist in der Tat das Denken. Für den Guten ist die Welt voller guter Dinge; jedoch für den Bösen ist die Welt voller Schlechtigkeiten. Das Böse ist nicht in der Welt. Es ist im Denken. Die Menschen sehen nur den Widerschein des Verstandes. Wenn Sie vollkommen werden, erscheint die Welt ebenso vollkommen.*

Swami Sivananda riet den Suchern, in ihre Religion und Tradition tiefer einzudringen und nicht zu versuchen, sie gegen eine neue, bessere einzutauschen. Durch die Vielschichtigkeit religiöser Lebensformen würde nur die Pracht und Herrlichkeit Gottes erkennbar. Weihnachten wurde im Ashram immer besonders gefeiert. Man schmückte eine

Tanne und Gäste aus dem christlichen Kulturkreis trugen Lieder vor und erzählten aus dem Leben Jesu. Sivananda selbst sprach vor den Besuchern über das, was ihm das wichtigste Anliegen für diese Feier war. Im Vorwort des Buches »Life and Teachings of Lord Jesus« hatte er sich so ausgedrückt: *Jedes Jahr feiern Millionen von Menschen auf der Erde das Weihnachtsfest. Es gibt Festlichkeiten und freudige Feiern, vielerlei Lustbarkeiten. Die Menschen erfreuen sich, daß Jesus Christus vor zweitausend Jahren mitten unter uns geboren wurde. Dies ist sicherlich ein Ereignis, über welches die gesamte Menschheit stolz und erfreut sein sollte. Aber es ist auch sehr wichtig in Erfahrung zu bringen, daß Jesus Christus eine Botschaft zu bringen hatte. Er zeigte mit seinem eigenen Leben und Blut einen Weg für die Menscheit auf, der für sie zu gehen sei. Es ist grundlegend, daß die Menschen in die Mitte ihrer freudigen Feierlichkeiten zu diesem heiligen Geburtsereignis das Reflektieren stellen sollten, was dieses glorreiche Leben des Herrn in Verbindung mit seiner Botschaft uns sagen will. Denn darin liegt der Schlüssel zum Frieden und geschwisterlichem Zusammenleben auf Erden. Möge Gott euch segnen. Möge der Segen des Herrn Jesu Christi über euch allen sein.*

Manche Anwesende wurden in ihrer Seele durch den Weisen und die heilige Atmosphäre so stark berührt, daß sie, in die Heimat zurückgekehrt, einen Zweig der »Divine Life Society« oder eine Yoga-Schule gründeten, in der sie seine universelle Botschaft verbreiteten. In Litauen entstand durch den sehr aktiven Schüler Harry Dickmann der erste europäische Zweig.

Als die erste Küche zu klein wurde, zog das Büro dort ein. Im Raum nebenan wurde eine interne Poststelle eingerichtet. Sivananda liebte es, die Briefe selbst zu adressieren, um den kostbaren Inhalt gut auf den Weg zu bringen. Hinten im Postamt wurde ein Geldschrank eingebaut, wo man über das Wochenende Spenden aufbewahrte. Neben diesem wurde ein Bild der Göttin *Lakshmi* aufgestellt und regelmäßig davor eine Puja ausgeführt. Lakshmi ist die Gemahlin Vishnus und symbolisiert die Gabe des Wohlstands und Glücks. Sivananda griff die Traditionen auf und belebte sie aufs neue. So blieb er dem Volk nahe und verständlich. Zu den Ashram-Bewohnern sagte er immer wieder: *Seht die gesamte Schöpfung als das göttliche Selbst, als Atman. Und wenn das so ist, müßt ihr es auch in euren Handlungen wiedererkennen und zum Ausdruck bringen. Es ist nicht gut, den Kopf in den Wolken zu haben und die Hände in den Taschen.*

Durch die liebevolle Hinwendung zu seinen Schülern erreichte er es, daß sie ihre Fähigkeiten entwickelten und zu eigenständigem Handeln gelangten. Es entstanden viele Aktivitäten im Ashram, die den Gästen zugute kamen. Systematisch wurden Asanas und Pranayama unterrichtet. Einige Swamis begannen mit Gesangsklassen. Andere hielten Vorträge über die Grundlagen der Philosophie. Weitere gaben praktische Anweisungen für die spirituelle Praxis zu Hause. Sie führten die Gäste in das Mantra-Schreiben ein, erklärten, wie man ein spirituelles Tagebuch führt, welche Speisen man meiden solle und wie ein guter Einstieg in die Meditationspraxis gelänge.

Swami hatte ein großes Herz für die Tiere, die im Ashram lebten. Durch Unachtsamkeit oder Nachahmung gewohnheitsmäßigen Handelns wurde ihnen das Leben oft schwer gemacht, was besonders auch die indischen Hunde betrifft. Einmal überraschte Sivananda einen Mitbewohner, wie dieser gerade dabei war, Swamis Bettgestell mit einem Benzinlappen einzureiben, um die Wanzen in ihren Holzlöchern zu töten. Er hatte es gut gemeint, damit sein geliebter Lehrer gut schlafen könne. Swami Sivananda gebot ihm Einhalt und schlug vor, das Bettgestell für ein paar Tage in den Dschungel zu stellen, damit die Wanzen sich einen anderen Platz suchen könnten.

In der Monsunzeit gab es viele Skorpione im Ashram. Für die Zeit der abendlichen Zusammenkunft lagen auf der Veranda der Bhajan-Halle einige Zangen bereit, mit denen man sie fassen und wegbringen konnte. Beim Kirtan sah Sivananda zufällig, wie ein Mann mit einer Taschenlampe einen Skorpion zerdrückte. Nach dem Kirtan ging er auf ihn zu und stellte ihn zur Rede. Sein Kommentar: *Glauben Sie, daß Sie durch das Töten eines Skorpions verhindern können, daß Menschen gestochen werden, wo es Millionen dieser Tiere im Lande gibt? Diese Kreatur zu töten geht schnell, aber können Sie ihm auch das Leben zurückgeben? Wenn Sie nicht die Macht dazu haben, Leben zu geben, wie können Sie es dann nehmen?* Der Besucher entschuldigte sich und versprach, in Zukunft kein Lebewesen mehr willentlich zu töten.

Bevor Sivananda seine Mahlzeiten einnahm, ging er hinunter zur Ganga und fütterte die Fische. Auch die Affen, die sich auf der Straßenseite des Hauses aufhielten, bekamen ihren Anteil. Für ihn gehörten alle Tiere zum göttlichen, vollkommenen Plan und führten Aufgaben aus, die ihnen aus tiefer Weisheit des Schöpfers aufgetragen wurden. Der

Mensch stelle sich oft sehr schnell über die Gebote Gottes, in der Annahme, etwas Sinnvolles zu tun, was von einer höheren Warte gesehen jedoch schädlich ist. Er faßte das Gebot von *Ahimsa,* der Gewaltlosigkeit, sehr direkt auf und schloß die Tiere mit ein, wenn er davon sprach, keinem anderen Schaden zuzufügen.

Ein Beispiel für Sivanandas unberechenbare Güte hinsichtlich seiner Schülerschaft

Man mußte bei Sivananda immer auf Überraschungen gefaßt sein. Er hielt es für wichtig, daß seine Schüler sich in möglichst vielen Situationen zurechtfinden sollten. So kam es, daß er am 18. Februar 1941 nachmittags um zwei Uhr unbemerkt den Ashram verließ, nur mit zwei Tüchern bekleidet und ein wenig Geld in einer Umhängetasche. Er hinterließ eine Nachricht mit folgendem Inhalt: *Ich habe Swami Paraman-*

anda, meinen ältesten Schüler zum Präsidenten der »Divine Life Society«
eingesetzt. Er steht seit vielen Jahren in engem Kontakt zu mir. Ich muß wegen
schlechtem Gesundheitszustand umgehend in den Ruhestand treten.

Die Swamis setzten sich zusammen und beratschlagten, was zu tun sei.
Viele strömten in verschiedene Richtungen aus, um ihn zu suchen. Andere blieben bei ihren Aufgaben, wenn sie wichtig waren. Swami Paramananda setzte sofort einen Text für die Märzausgabe des Magazins
auf. Er bat um die Aufnahme spezieller Gebete zur baldigen Genesung
und Rückkehr des Meisters. Es wurde auch ein »Offener Brief an Swami
Sivananda« geschrieben, der von Schülern, Verehrern und Mitgliedern
der Gesellschaft unterzeichnet wurde. Ausschnitte daraus lauten fol-
gendermaßen: »Der letzte Brief von Deiner heiligen Hand ist ein Geschenk für die ganze Welt, weil er so klare, bestimmte Unterweisungen
enthält. Wir versichern, daß wir sie auf bestmögliche Weise ausführen
werden. Dein Wille ist stark und mächtig. Deine Gnade und Dein Segen
wird in uns viel bewegen. Wir haben starkes Vertrauen zu Deinen
Lotosfüßen. Du hast uns alle geführt. In jedem Moment unserer Begegnungen hatten wir etwas zu lernen… Der Zustand der Ashram-
Bewohner ist jetzt erbärmlich. Manche haben aufgehört zu essen,
andere schlafen nicht, manche durchstreifen wie Verwirrte den Dschungel in begieriger Hoffnung Deines Darshans…«

Swami Sivananda hatte sich auf den Weg nach Haridwar, dem großen
Pilgerort zwanzig Meilen flußabwärts gemacht. Geschlafen hatte er auf
einer Plattform an seiner geliebten Ganga. Weiter zog es ihn zu einem
Dorf, wo er sich unter einem Baum niederließ. Sein Erscheinen erregte
die Aufmerksamkeit der Dorfbewohner. Besonders ein Zuckerrohrbau-
er nahm sich seiner an und behandelte ihn wie einen großen Mahatma.
Am 24. April fand ein Swami seinen »Siva« im Hause des Bauern und
brachte ihn zu seiner großen Familie zurück. Sogleich schrieb Swami
Sivananda einen Brief an Paramananda, der sich in Lahore aufhielt: *Dein*
mächtiger Wille und der vieler anderer hat mich wieder hergezogen. Du wirst
alles machen und organisieren. Von mir bleibt nur der Name. Geheimnisvoll
sind die Wege des Herrn. Möge Sein Segen über Euch allen ruhen. Wir müssen
immer bereit sein für alles, was kommen mag. Sei stets kühn und heiter.

Ein Jahr später legte er ihm ans Herz, den Ashram zu verlassen und sich
um den Aufbau von Zweig-Ashrams im Süden des Landes zu kümmern.

Paramananda hatte zehn Jahre lang dem Meister treu gedient und war so etwas wie seine rechte Hand geworden. Aufopferungsvoll hatte er die Verlagsarbeit von Sivanandas Schriften übernommen und einen Publikationsverband der verschiedenen Verleger gegründet. Mehrmals hatte er in Madras bei der Illustrierten »My Magazine« vorgesprochen, die seit 1934 immer eine Seite für Sivanandas Botschaften reservierte. Paramananda hatte viele eigene Ideen umsetzen können: den Bau der Bhajan-Halle, die Erweiterung des Kuratoriums zu einer Gesellschaft, das Erscheinen des »Divine Life«-Magazins und die »Sadhana-Wochen« für Besucher.

Andere Schüler wurden nach und nach ebenfalls fortgeschickt, um Leben in die verschiedenen Niederlassungen hineinzubringen. Jedoch werden bei diesen Entscheidungen auch Notwendigkeiten für den Verlauf des jeweiligen Sadhana mitgespielt haben. Nach Phasen der Förderung und Nähe muß der Sadhaka lernen, auf sich allein gestellt zu sein, um das Empfangene aus eigener Kraft zu pflegen und gedeihen zu lassen. Nicht um bloße Nachahmung ging es Swami Sivananda, sondern um das Erkennen und Umsetzen der eigenen Fähigkeiten.

1943 trat Sridhar Rao dem Ashram bei. Swami erkannte sofort dessen edle Gesinnung und beauftragte ihn, die Korrespondenz zu führen. Sivananda förderte ihn beim Schreiben von Artikeln und ermunterte ihn, bei Satsang-Abenden Vorträge zu halten. Dessen wohlausgedrückte, besonnene Ausführungen bei verschiedenen Treffen und Festen fanden Gefallen bei den Besuchern. Durch seine liebevolle Hinwendung zu den Mitmenschen war er auch die richtige Person, die Dienste in der Apotheke zu übernehmen. In besonderer Weise widmete er sich den Leprakranken. Er betreute eine ständig wachsende Kolonie in der Nähe. 1948 übertrug Swami ihm den Posten des Sekretärs der Gesellschaft und 1949 initiierte er Sridhar in den Mönchsstand. Er erhielt den Namen Chidananda. Dieser *Prinz unter den Sannyasin*, wie Swami ihn einmal nannte, wurde nach Sivanandas *Mahasamadhi* im Jahre 1963 Präsident der Gesellschaft.

Versuchungen für den
unbeirrbaren Pädagogen

In seiner Autobiographie schrieb Swami Sivananda: *Ich arbeite nicht mit großen Plänen und Entwürfen. Ich suche keine großen Persönlichkeiten oder Maharadschas auf mit der Bitte um Geld. Man nahm den Dienst, der hier geleistet wurde so an, wie er angeboten wurde. Hilfe kam immer wieder aus einer*

Die Swamis Sivananda und Chidananda

heiligen Sphäre, und ich achtete darauf, daß jeder Pfennig so ausgegeben wurde, daß er den größtmöglichen spirituellen Nutzen für die Welt bringen würde. Einige große Bauten entstanden jedes Jahr und doch reichte der Platz für Ashram-Bewohner und den Strom der Besucher nicht aus. Ein kontinuier-

liches Anwachsen von großartiger Arbeit war zu beobachten. Viele Male bedrängten mich Verehrer und Offizielle, auf Propagandatour zu gehen und Geld zu sammeln. Das war unmöglich für mich. Es ist für mich eine Wonne zu geben und allen zu dienen.

1940 wurden große Vorbereitungen für eine weitreichende Tour durch den Punjab gemacht. Ich sagte die ganze Sache ab und schickte folgendes Telegramm: »Es ist mir egal, ob die »Divine Life Society« prächtig aufblüht oder nicht. Wenn es die Gnade des Herrn ist und wenn wir unser Sadhana und den Dienst mit der rechten Gesinnung, innerem Empfinden und Vertrauen ausführen, wird unumgänglich Hilfe aus der göttlichen Quelle kommen. Laßt mich so viel wie möglich hier in meinem kleinen Haus an der Ganga tun. Wenn Honig da ist, kommen die Bienen von allein. Vermeidet unbarmherzig den Wunsch nach Geld.«

Immer wieder kam es vor, daß reiche Besucher Spenden in Aussicht stellten, die an Bedingungen geknüpft waren. Ein Industrieller und Hindu war bereit, die Kosten für einen großen Gebäudetrakt zu übernehmen, wenn Swami Sivananda alle Referenzen an andere Religionen zurücknähme. Einem anderen einflußreichen orthodoxen Hindu gefiel es nicht, daß im Ashram Männer und Frauen lebten. Er schlug vor, einen Großteil der Kosten für einen Frauen-Ashram aufzubringen. Swamis Antwort: *Frauen sind überall. Sie können ihnen nicht entkommen, wo immer Sie auch hingehen mögen.*

Über den Charakter der Frauen sagte Swami einmal: *Frauen sind das prächtige Werk Gottes, das Wunder der Natur, die schönste Kreation der Welt, die Königin des Hauses, der wahre Herrscher, die graziöse Begleiterin und Helferin des Mannes. Sie ist der Energieaspekt des Herrn. Sie hält den Schlüssel der Welt. Selbst Brahma, der Schöpfer, konnte sie nicht ganz beschreiben ... Die Idee, daß Mann und Frau gleich sind, ist ein rein westliches Konzept. Die indische oder hinduistische Vorstellung ist, daß Mann und Frau, Purusha und Shakti, eins und unteilbar sind. Sie lebt immer in ihrem Manne. Sie besetzt den halben Körper ihres Herrn. Sita dachte nicht an sich als eine getrennte Einheit. Sie war in und aus Rama. Die Hauptpflicht der Frau ist ihr Pativrata Dharma zu erfüllen. Pati bedeutet Ehemann. Vrata heißt Gelübde. Sie vergöttlicht ihn als den Herrn. Sie sollte nicht auf die Schwächen und Fehler ihres Mannes schauen. Dies ist schwierig, aber nach und nach wird ihr Verstand sich erweitern und das Durchhaltevermögen gestärkt durch die Gnade des Herrn.*

In der Tat ist es sehr schwierig, solch ein Verhältnis zum Partner zu pflegen, daß man sich bewußt ist: in ihm tritt mir Gott vor Augen. Von Indern wir häufig der Begriff *Matapita* verwandt, was soviel bedeutet wie Muttervater. Er symbolisiert die Einheit jenseits der Geschlechtlichkeit. Im Süden des Landes findet man in Tempeln häufig die Statue des *Ardhana-Ishvara*, deren linke Körperseite frauliche Attribute und deren

Das Ashramgelände: am Ufer der Ganga unten links Swamis Kutir; im Zentrum Office, Apotheke und Post; auf dem Hügel der Visvanath-Tempel und die Bhajan-Halle

rechte Seite männliche aufweist. Es erfordert viel Einfühlungsvermögen, Geduld und die Fähigkeit des Vergebens, um solch eine reine Beziehung leben zu können. Genau diese hohen Maßstäbe setzte Sivananda sich selbst in der Begegnung mit allen anderen Menschen. Bei manchen Gästen, die länger blieben, als eigentlich geplant war, stellte sich heraus, daß sie nur einen bequemen Unterschlupf gesucht hatten. Wie war mit ihnen umzugehen? Geduld und das Vermögen, sich in andere hineinzudenken, war vonnöten. Es gab zum Beispiel einen unehrlichen Mann, der Ashram-Gegenstände für eigene Zwecke heimlich verkaufte. Als Swami davon erfuhr, bestand er darauf, daß dieser dennoch bleiben solle: *Ich muß ihm dienen und ihn umwandeln. Laßt ihn hier-*

bleiben! Man hörte Sivananda oft sagen: *Hasse die Sünde, aber nicht den Sünder. Der Sünder von heute ist der Heilige von morgen.*

Er verstand es, auf subtile Art die Schurken öffentlich zu loben oder gar ihr vorbildliches Handeln hervorzuheben, so daß diejenigen sich scheuten, ihr boshaftes Benehmen fortzusetzen. Für ihn gab es nicht so etwas wie den ewigen Sünder; er glaubte fest an das Fortschreiten eines jeden hin zu Gott und sah immer die guten Anlagen im Menschen und förderte sie. Oft betonte er, das Kritisieren anderer zu lassen. Warum solle man sich über Vergangenes den Kopf zerbrechen. Es sei vielmehr wichtig, sich über das verstandesmäßige Bewerten zu erheben, um zu einem Handeln zu gelangen, welches dem innersten Empfinden entspringt.

Einem Swami, der noch ein starker Raucher war und dem einmal wieder die Zigaretten ausgegangen waren, ließ er eine Packung unter das Kopfkissen legen. Als dieser sie morgens fand und später herausbekam, wem er sie zu verdanken hatte, gab er sofort das Rauchen auf.

Sivananda beteiligte die Schüler, soweit es möglich war, an der Weichenstellung für ihr Sadhana. Er fragte die Schüler nach ihrer bevorzugten Gottheit, wenn er ihnen *Mantra Diksha* erteilte. Diese heilige Wortweisung sollten die Schüler ganz für sich behalten und als Bindeglied zwischen sich, dem Lehrer und dem Schöpfer zu einer starken Brücke werden lassen.

Einem Novizen erklärte er, daß dieser auf seine schöne Haarpracht verzichten müsse, falls er Sannyasin werden möchte. Als der Anwärter ein langes Gesicht zog, fügte Sivananda schnell hinzu: *Aber sie können die Haare nach der Initiation wieder wachsen lassen.*

Wenn jemand bei seinen spirituellen Übungen keine Fortschritte bemerkte, machte Sivananda verschiedene Vorschläge, hütete sich jedoch davor, ihm direkt etwas aufzuerlegen. Wenn es nötig war, konnte er auch Schülern einen Stich versetzen, um sie aus ihrer Versunkenheit hervorzuholen. Dies geschah aber immer auf sehr sanfte, humorvolle Weise. Seele und Ausdruck des Körpers bildeten bei ihm eine unzertrennliche Einheit. Wenn er während der Arbeit im Büro etwas sagen wollte, schob er die Brille auf die Stirn, schloß ein Auge, stützte sich mit einem Ellbogen auf dem Tisch ab, und mit einem Lächeln begann er zu sprechen. Immer wieder war das Thema, wie man sich während der

Arbeit auf Gott ausrichten könne und mit der Zeit ein Empfinden bekäme, daß Gott selbst es ist, der den Körper als eine Art Werkzeug instandhält und in Bewegung setzt. Die Arbeit des Menschen fließt wieder zu Ihm zurück. Um sich dessen gewahr zu werden, wurde oft bei gemeinsamen Tätigkeiten, wie zum Beispiel Gemüseschneiden oder anderer Küchenarbeit gesungen. Swami war selbst ständig mit Arbeit umgeben, und er hatte die Gabe, ein dienendes Verhalten aus den ihm Anvertrauten förmlich herauszuziehen. Sivananda eroberte und bezauberte sie mit der Waffe der Liebe, mit Geduld und Nachsicht.

Um seinen Umgang mit faulen oder trägen Menschen zu erklären, erzählte er folgendes Beispiel: *Wenn du an einem Dornbusch vorbeigehst und plötzlich ein Windstoß das Ende deines Schals in den Busch hineinweht, kannst du nicht einfach am Schal ziehen. Wenn du es machst, wird er zerreißen. Du mußt anhalten und in Ruhe den Schal von jedem einzelnen Dorn befreien. Genau diese Geduld ist nötig, um mit ungünstigen Eigenschaften umzugehen.*

Wenn jemand mit einer Beschwerde zu Sivananda kam, lehnte der es erst einmal kategorisch ab, sie anzunehmen. Er wollte sich selbst überzeugen, um dann eventuell geeignete Schritte zu unternehmen. Er war gegenüber anderen stets großzügig, riet ihnen zum Arzt zu gehen oder sich auszuruhen, wenn sie sich nicht wohl fühlten. Sie sollten ordentlich essen, und manche bekamen für schwere Arbeiten eine besonders kräftigende Mahlzeit.

Als Sivananda eines Tages gerade seine Kutir verließ, kam ein Bewohner des Ashrams mit dem Rad dahergefahren. Als er den Weisen erblickte, stieg er ab und schob das Rad weiter. Sivananda sprach ihn an: *Diese Formalitäten sind nicht notwendig für mich. Liebe und Respekt wohnen im Herzen, und das nehme ich wahr. Äußeres Gehabe bedeutet mir nichts. Zögern Sie nicht, das zu nehmen, was Sie brauchen; wenn Sie auf dem Markt sind und Appetit auf ein paar Früchte haben, kaufen Sie die Früchte. Sie haben die ganze Freiheit, das zu tun, was Ihren Körper gesund erhält.*

In bezug auf seine eigene Person achtete er besonders auf Bescheidenheit. Als ein Verleger in einem Vorwort ihn als *Avatar*, jene äußerst seltene Herabkunft Gottes auf Erden bezeichnete, antwortete er umgehend: *Streichen Sie freundlicherweise diese Wörter wie »Krishna Avatara« oder »Bhagavan«. Bringen Sie das Buch natürlich und einfach heraus. Dann wird*

*es die Leute anziehen. Stellen Sie meine Person nicht zu sehr in den Vorder-
grund. Der Saft soll hervorkommen. Geben Sie mir bitte keine glorreichen Bei-
namen wie »Weltenlehrer«, »Seine Heiligkeit« oder »Höchster Herr«. Legen
Sie die Wahrheit offen. Die Wahrheit strahlt aus sich selbst.*

Swamis Geburtstag

Wenn Sivananda unter den Ashram-Bewohnern Spannungen wahr-
nahm, versuchte er diese aufzulösen, indem er die positiven Qualitäten
der Betroffenen hervorhob. Seine vielen spontanen Reden schürten das
Feuer der Zuversicht: *Nehmt es nicht wichtig, ob Selbsterkenntnis kommt
oder nicht. Fahrt damit fort, ethische Fortschritte zu machen, um zum Dienst
an der Menschheit entscheidend beizutragen. Seht Gott im Menschen. Schaut
auf den Menschen als vollkommenes Gottesgeschöpf. Wenn euer Gottesverständnis die Idee mit einschließt, daß Er alldurchdringend ist, warum könnt*

Ihr Ihn dann nicht in allen Geschöpfen sehen? Was läßt euch zögern, den Glauben in die Tat umzusetzen? Ihr werdet die Vorstellungen, daß Gott nur hinter verriegelten Türen und bei geschlossenen Augen zu euch kommt, aufgeben müssen. Empfindet Seine Gegenwart zuerst in Menschen und Dingen, denen Ihr dient. Danach könnt ihr herausfinden, ob Er aus sich heraus in der Kammer eures Herzens strahlt. Wenn das Herz noch nicht von den Unreinheiten und Schlacken niederer Natur befreit ist, könnt Ihr noch keine tiefen spirituellen Erfahrungen machen.

Swami Sivananda kümmerte sich nicht nur um die Schüler und Gäste im Ashram. Durch die vielen Artikel, die er für verschiedene Magazine schrieb, war er in Indien recht bekannt geworden. Er bekam als Reaktion darauf täglich eine Menge Briefe, die er alle persönlich beantwortete. Er sagte einmal: *Der letzte Brief kommt immer von mir.*

Die Anreden der Briefe waren oft bereits darauf angelegt, daß der Leser sich mit dem eigenen Wesen und dem Sinn des Lebens beschäftigen mußte, wie zum Beispiel: *»Geliebte unsterbliche Seele!«* oder *»Verehrtes Selbst!«.* Der Inhalt war für die Empfänger eine kostbare Botschaft aus der höheren Welt des Geistes. Ein fleißiger Briefschreiber konnte mehr als tausend Briefe und Kurzmitteilungen Sivanandas sammeln. Eine kleine Auswahl an Briefen ist im zweiten Teil des Buches abgedruckt.

Über Swamis Großzügigkeit und den chronischen Geldmangel im Ashram

Alle, die zum erstenmal Kontakt mit ihm aufgenommen hatten, setzte Swami Sivananda auf die Liste für unentgeltliche Versendung des Magazins. Obwohl viele von sich aus die Zeitschrift bestellten, entstanden doch erhebliche Kosten für Druck und Porto. Wenn ein neues Buch herauskam, wurden viele Exemplare unaufgefordert versandt, und Rechnungen lagen nicht bei. Swami gab und gab, verschenkte an besonderen Festen und seinem Geburtstag mengenweise Süßigkeiten, die in der Ashram-Küche zubereitet worden waren. Für die Apotheke, die ihren Aufgabenbereich mehr und mehr vergrößerte, mußten laufend Medikamente besorgt werden. Mittags bekamen Bettler und Wandermönche ihr Essen am Eingangstor. Der Schatzmeister schaute diesem großzügigen Umgang mit Dingen so manches Mal unverständlich zu, und es sah so aus, als ob Sivananda sich keine Gedanken um die Bezahlung der Schulden machen würde. Aber er wußte sehr wohl, daß zwischen der Quelle und dem Ziel allen Strebens kein Unterschied ist: *Alles kommt von Ihm und fließt wieder dorthin zurück. Wir sind nichts anderes als Kanäle. Wir denken, daß wir die Institution führen, das Ashram-Leben gestalten, aber wir sind nur Seine Organe.*

Ein sehr talentierter, junger Mann war im Ashram eingezogen und machte aufgrund seiner Einsatzfreude recht schnell Karriere. Schon nach relativ kurzer Zeit übernahm er den Posten des Kassierers, und man schenkte ihm das Vertrauen, die Finanzen der Gesellschaft verwalten zu können. Eines Tages stellte man jedoch fest, daß er sich mit dem gesamten Bargeld auf und davon gemacht hatte. Sivananda war keineswegs erbost, verärgert oder enttäuscht. Er nahm die Information als eine Art Belustigung auf: *Wie war es nur möglich, daß er uns so hinters Licht führen konnte? Er war so ein fähiger Mann. Er muß ein Genie sein. Wir müssen ihm etwas geschuldet haben. Aber er hätte fragen können. Ich hätte ihm das Nötige gegeben.*

Einmal nahm Swami einen mittellosen, blinden Jungen auf und sorgte wie ein Vater für ihn. Nach einigen Tagen kam dem Burschen in den Sinn, mit dem kleinen indischen Harmonium aus der Bhajan-Halle zu verschwinden. Swami Sivananda tat den Diebstahl mit einer Handbewegung beiseite und sagte: *Was ich für den Herrn an ihm tat, steht nicht im Geringsten mit dem in Verbindung, was er mir getan hat. Der Verlust des Instruments hat mit meinem Karma zu tun. Der Junge hat mich nicht bestohlen, sondern mir geholfen, mein Karma zu verringern.*

Sivananda schien Diebstähle als eine Art versteckter Wohltätigkeit und Umverteilung von materiellen Gütern anzusehen. Der Bestohlene sei der Auslösende und habe im Geheimen den Dieb zu sich gerufen. Scherzhafterweise nannte man ihn »Swami Givananda«, denn er führte stets das aus, was er anderen riet: *Gib freudig, schnell und ohne zu zögern.* Manchmal hörte man ihn sagen: *Giving has never made a Person poor. – Durch Geben ist noch niemand arm geworden.*

Eine etwas andere Hochschule entsteht – die »Yoga Vedanta Forest University«

Swami Sivananda sah voraus, daß in einigen Jahren bei vielen Menschen, besonders aus den Industrieländern, das Interesse an Yoga und Vedanta, dem philosophischen Wissen des alten Indien, stark ansteigen würde. Nach dem Durchleben einer dunklen Zeit, in der die materiellen Werte den größten Einfluß auf den Menschen hätten, würde man sich nach dem wirklich Religiösen sehnen und die Suche aufnehmen. So kam ihm die Idee zur Gründung einer Hochschule, die sich dafür ein-

Professoren der University bei einer Besprechung

setzte, durch spirituelle Macht den Einflüssen des Bösen in der Welt etwas entgegenzusetzen. 1948 wurde die »Yoga Vedanta Forest University« gegründet. Sie wurde in einem neuen Bau am Ende des Ashram-Hügels untergebracht. Als Professoren arbeiteten die fähigsten Swamis des Ashrams. Nur wenige der Lehrer hatten in ihrem weltlichen Leben Diplome erworben, aber in dieser Hochschule zählte als Qualifikation die Hingabe an das Weitergeben von innerem Wissen.

Unter ihnen befand sich Swami Krishnananda, der 1944 den Weg zu Sivananda fand. Als hochbegabter Sanskrit-Student hatte er sich viele Jahre mit der nichtdualen Vedanta-Philosophie beschäftigt. Bei seiner ersten Begegnung sagte Swami Sivananda zu ihm: *Bleiben Sie hier bis zu Ihrem Tod; ich werde dafür sorgen, daß Könige und Minister Ihnen zu Füßen sitzen.* Er bekam die Aufgabe, Sivanandas handgeschriebene Texte weiterzubearbeiten und druckreif zu machen. In der Hochschule hielt er viele Philosophiekurse und leistete große Forschungsarbeit durch die Zusammen- und Gegenüberstellung weltanschaulicher Systeme. Er wurde 1961 von Swami Sivananda zum Generalsekretär der Gesellschaft ernannt.

Ein sehr junger Professor mit zweiundzwanzig Jahren wurde Swami Vishnu Devananda. Er hatte in einer Militärschreibstube einen Handzettel im Papierkorb gefunden mit der Überschrift: »Sadhana Grundprinzipien«. Der schien ihm ganz von Wahrheit und Erkenntnis durchtränkt zu sein. Der erste Satz lautete: *Eine Unze Praxis ist besser als Tonnen von Theorie.* Er nahm schnell ein paar Tage Urlaub und besuchte den Ashram. Später kündigte er beim Militär und während des zweiten Besuches riet Swami Sivananda ihm, im Ashram zu bleiben. Er bekam die Aufgabe, an der Universität *Hatha-Yoga* zu unterrichten. Vishnu Devananda hatte in der Zwischenzeit intensive Erfahrungen auf dem Gebiet der Körperstellungen gewonnen.

Swami Saswathananda wurde der Herausgeber einer Wochenzeitschrift der Universität. Sivananda war besonders froh darüber; er meinte, daß die Devotees in den Städten aufgrund der dortigen großen Zerstreuung öfter spiritueller Nahrung bedürften als einmal im Monat. Die neue Zeitung wirkte sich positiv auf den Besucherstrom aus, und Gäste, die über spezielles Wissen verfügten, unterrichteten für kurze oder längere Zeit an der Hochschule. Die täglichen Aktivitäten begannen um vier Uhr in der Frühe, wenn die Aufnahmefähigkeit am größten ist. An Vor- und Nachmittagen gab es täglich offene Seminare. Häufig waren sie praktischer Natur und fanden im Freien unter den mächtigen Bäumen des nahen Waldes statt.

Das Attentat

Am 8. Januar 1950, während des abendlichen Satsang, schlich sich Govindan, der seit einigen Monaten im Ashram lebte, zur vorderen Eingangstür der Bhajan-Halle. Es war dort recht dunkel und niemand hatte die Axt, welche er bei sich trug, bemerkt. Er stürmte plötzlich auf

Swami Sivananda zu. Beim Ausholen verfing sich die Axt zwischen den doppelten Schwingtüren. Der hastig ausgeführte zweite Hieb traf ein Bild an der Wand. Nur der Stiel hatte Sivanandas Turban vom Kopf gerissen. Bevor Govindan noch einmal ausholen konnte, war Swami Vishnu Devananda aufgesprungen und hatte Govindan fest umklammert. Er brachte ihn ins Freie, wo man ihn an Händen und Füßen fesselte. Zwei oder drei Anwesende begannen, auf ihn einzuschlagen. Als Swami es bemerkte, schrie er mit größtmöglicher Lautstärke: *Schlagt ihn nicht, hört auf damit!*

Zwei Swamis brachten Govindan zu einem nahegelegenen Raum und verschlossen die Tür. Das abendliche Treffen wurde fortgesetzt. Gegen Ende der Veranstaltung trafen einige Polizisten ein, und alle begaben sich zu dem Raum des Gefesselten. Man band ihn los, während zwei

Uniformierte ihn festhielten. Swami Sivananda ging mit zusammengelegten Handflächen auf ihn zu, verbeugte sich und sagte: *Govindan, möchten Sie weitere Schläge gegen mich loswerden? Hier bin ich. Befriedigen Sie sich bitte.* Govindan erwiderte leise:»Nein, ich will Sie nicht mehr schlagen«. *Womit habe ich Sie so verletzt? Was hat Sie so erbost an mir?* fragte Swami den Attentäter. Doch er bekam keine Antwort.

Während die Anwesenden Sivananda zu seiner Kutir begleiteten, fragte der Inspektor, ob er Govindan anklagen wolle. Swami entgegnete, daß er ihn lediglich aus dem Ashram verbannen wolle. Eine große Menschenmenge hatte sich unten an der Ganga eingefunden, um Swami Sivananda zu sehen. Einige waren den Tränen nahe. Er empfing sie alle und strahlte wie eh und je. Man fand heraus, daß Govindan schon am frühen Morgen mit der Axt auf Sivananda gewartet hatte. Der jedoch hatte gerade an diesem Morgen verschlafen und war nicht zur Bhajan-Halle hinaufgegangen. Am Abend hatte er vergessen, den Turban beim Erreichen der Halle abzunehmen.

Frühmorgens wurde entschieden, daß Govindan zu seinem Heimatort im Süden zurückfahren solle. Zwei Swamis würden ihn bis Agra begleiten und ihn dann zum Expresszug nach Tamilnadu bringen. Sivananda suchte gegen elf Uhr die Polizeistation von Rishikesh auf, wo Govindan die Nacht verbracht hatte. Dort angekommen, strich Swami geweihte Asche auf Govindans Stirn und tupfte ihm einen roten Punkt zwischen die Augenbrauen. Er warf sich vor Govindan zu Boden, und danach überreichte er ihm ein Buch mit folgender handsignierter Widmung: *Möge die göttliche Allmacht Sie mit Gesundheit, langem Leben, Frieden, Fruchtbarkeit, Hingabe, Weisheit und vollkommener Erlösung segnen.* Danach rezitierte er das Mantra: *Om Namo Narayanaya.* Es drückt die Ehrerbietung und den Wunsch nach Verschmelzung der individuellen Seele mit seinem Schöpfer aus. Als Sivananda ihm eine Decke, Kleidungsstücke und eine *Mala*, die indische Gebetskette mit einhundertacht Perlen überreichte, sagte er: *Bitte wiederholen Sie das Mantra ohne Unterlaß. Praktizieren Sie regelmäßig die Meditation mit der Mala. Vergessen Sie alles, was passiert ist. Passen Sie aber auf, daß Sie nicht wieder auf falsche Bahnen geraten und die gleichen Fehler wiederholen. Bitte lesen Sie gute Bücher. Halten Sie sich fern von schlechter Gesellschaft. Ihre im Keim angelegte Spiritualität wird durch das Sadhana wachsen und gedeihen. Das Geistige ist in Ihnen vorhanden. Wenn es nicht da wäre, hätten Sie sich nicht hier-*

her aufgemacht. Bitte schreiben Sie mir ab und zu über Ihre Entwicklung. Gott segne Sie.

Fünf Wochen später erhielt Sivananda einen Brief von Govindan, in dem er sich als sein Schüler bezeichnete. Swami Sivananda war glücklich und sagte: *Setzt seinen Namen auf die Liste für Freiexemplare des Magazins und ebenfalls auf die Prasad-Liste. Ich werde ihm schreiben, daß er wiederkommen darf.*

Die große spirituelle Erweckungsreise

In direktem Zusammenhang mit dem Attentat steht die »All-India-Tour«, welche im September 1950 nach Sivanandas Geburtstagsfeier begann. Swami Paramananda war aufgrund des Attentates nach langer Abwesenheit zurückgekehrt. Er brachte viele Ideen für die weitere Gestaltung des Ashram-Lebens mit. Sein stetiger und beharrlicher Einsatz für das Anliegen Sivanandas trug ihm den Namen »Bismarck« ein. Er hatte früher einmal die Reisen eines Wanderzirkus organisiert und kannte sich mit den Gepflogenheiten der indischen Eisenbahn gut aus. So lag die Idee einer großen Reise durch den Subkontinent nicht fern. Würde Swami Sivananda sich mit über sechzig Jahren, zeitweiligem starkem Hexenschuß und Diabetes auf solch eine Strapaze einlassen? Später erinnerte sich Sivananda daran, daß er zu jener Zeit einmal von innen eine Stimme gehört hatte, die zu ihm gesprochen hatte: *Siva, wach auf und fülle den Kelch deines Lebens mit diesem Nektar; teile ihn mit allen. Ich werde dir Durchhaltevermögen, Energie, Kraft und Weisheit geben.*

Mit großem Einsatz machte Paramananda sich an die Arbeit. Von den Zweigen der Gesellschaft kamen enthusiastische Rückmeldungen, und mit Vorfreude wurden die Veranstaltungen vor Ort geplant. Für einen Großteil der Strecke wurde ein Eisenbahnwagen angemietet, den man an die entsprechenden Züge ankoppeln konnte. Am 9. September 1950 begann die Reise mit dreizehn Swamis als Begleitung auf dem Bahnhof von Rishikesh. Ein Schild mit der Aufschrift »Divine Life Society; Rishikesh« wurde über der Wagentür befestigt, so daß die Menschen Swami Sivananda leichter finden konnten. Er empfing alle und selbst in der Nacht ließ er es nicht zu, daß die Türen versperrt wurden. Sivananda wollte bereit sein, all diejenigen zu treffen, welche sich aufgemacht hatten, ihm zu begegnen.

Der Beginn der Reise schien sich schnell herumgesprochen zu haben, denn auf den Bahnhöfen warteten immer mehr Menschen auf die Ankunft dieses Zuges. Auf einer Station zwischen Haridwar und Lucknow drangen so viele Menschen in das Abteil ein, daß die Polizisten die Menge nicht zurückhalten konnte. Als Swami endlich den Bahnsteig erreicht hatte, hielt er eine Rede über Disziplin. Die Fahrt sollte weitergehen, Sivananda stieg ein und setzte die Ansprache durch das Abteilfenster fort: *Hari Om! Wiederholt alle den Namen des Herrn mit mir. Er enthält die unendliche Lebenskraft. Er wird Euch Frieden und Glückseligkeit bringen.* Dann begann er den Namen der göttlichen Inkarnation Rama zu singen. Viele stimmten mit ein. Der Zug tat einen Ruck nach vorn und setzte sich langsam in Bewegung. Er fragte die Umstehenden: *Kennt Ihr das Wesen Eurer Natur? Hört zu: Chidanand, chidanand, chidananda hum… Das ist Eure wahre Natur. Euer Wesen ist Wissen und Segen. Ihr seid das unsterbliche Atman. Wiederholt diesen Satz und realisiert Eure innere Wirklichkeit.*

Mit dem Lied auf den Lippen legten viele der Anwesenden die Hände zusammen und verneigten sich, als der Zug den Bahnhof verließ. Wo immer er hielt, kündigten die Mönche durch ein Megaphon Swami Sivanandas Anwesenheit an. Spontan kam es zu Kirtan-Gesängen auf den Bahnsteigen und Flugblätter wurden verteilt. In der großen Stadt Lucknow, wo Sivananda besonders bekannt war, hatte man den Bahnsteig geschmückt und in eine Satsang-Halle verwandelt. Swami begann gleich mit einem seiner berühmten Bhajans, dem Lied der Unterweisung. Nach einem Lobpreis der Namen Ramas und Krishnas wurden auf Englisch die Regeln für ein spirituelles Leben vorgesungen, die dann von allen wiederholt wurden. Viele Verehrer hatten Girlanden mitgebracht, um sie Swami zu überreichen. Sivananda nahm sie dankend entgegen, und wer aufgrund des Gedränges zu weit von ihm stand, dem kam sein langer Arm oder die helfende Hand eines Begleiters entgegen. Sivananda legte sich dann den Blumenschmuck selbst um den Hals, während die Freude über seine Anwesenheit auf allen Gesichtern lag.

Die nächste Station war Fyzabad. Dort begrüßte er die Menschen im Rathaus und besuchte mehrere Schulen, wo er den Kirtan-Gesang auf

Kinder und Jugendliche ausrichtete. Besonders die junge Generation lag ihm am Herzen. Ihr Gedankenleben war noch leichter zu formen als das der meisten Erwachsenen. Bei seinen Ansprachen über Erziehung gebrauchte er das Bild einer Pflanze, um die Wichtigkeit einer spirituell ausgerichteten Pädagogik aufzuzeigen. *Erziehung ist die Wurzel. Kultur ist die Blüte. Weisheit ist die Frucht.* Er sah die allererste Aufgabe der Lehrer immer darin, den Respekt und die Liebe des Schülers zu gewinnen. Alle weitere Schulung von Kopf, Herz und Hand würde dann einen guten Verlauf nehmen.

Weiter ging die Reise über den Geburtsort Sri Ramas, Ayodhya, nach Benares. Hier sprach er vor den Studenten der berühmten »Hindu University« und besuchte kranke Jugendliche und deren Familien. Er wusch den Kranken die Füße und sang das »Maha-Mrityunjaya-Mantra«. Es wendet sich an die lebensspendende Kraft und ist eine starke Waffe gegen Krankheit und Tod:

Om Tryambakam Yajamahe
Sugandhim Pushtivardhanam
Urvaarukamiva Bandhanat
Mrityormuksheeya Maamritat

Om – Wir opfern der dreifältigen Tryambaka, der duftenden, den Wohlstand mehrenden Gottheit. Gleichwie der reife Kürbis von seiner Ranke sich löst, so möge ich mich vom Tod, nicht von der Unsterblichkeit befreien.

Swami Sivananda schätzte und sang dieses Mantra besonders häufig. Es ist auch als *Moksha*-Mantra bekannt und entstammt dem *Rigveda,* der ältesten und umfassendsten Schrift der vier Veden. (Kapitel 7; 59/12)

Gegen Mitternacht kehrten die Swamis zum Bahnhof zurück. Befragt, ob er nicht erschöpft sei, antwortete Sivananda: *Ich bin nicht müde trotz des langen, anstrengenden Programms seit drei Uhr. Wenn ich den Namen Gottes singe, bekomme ich neue Energie. Wenn ich über Gott spreche, fühle ich, wie heilige Kräfte in mich einfließen. So kann ich gar nicht müde werden. Es schenkt mir die größte Freude, die Existenz Gottes bekanntzumachen.*

Am nächsten Tag auf einer Pressekonferenz stellte jemand die Frage, ob für die Menschen des Westens die Vedanta-Philosophie von Bedeutung sei und der Pfad des Yoga für sie in Frage käme. Swami erwiderte, daß schon jetzt und besonders in der Zukunft mehr Weise und Yogins dort anzutreffen seien als in Indien. Die Menschen im Westen seien wissensdurstiger und schritten mit mehr Entschiedenheit zur Tat. Dann zählte er die Namen einiger westlicher Schüler auf und bemerkte, daß Indien von deren schöpferischem Umgang mit Yoga inspiriert werden könne.

In Patna hielt Swami die erste Rundfunkansprache und führte mit zwanzigtausend Anwesenden eine gemeinsame Meditation durch. Er lud alle ein, für zwei Minuten absolute Stille zu bewahren und in ihr

»Padapuja«

Herz einzutauchen. Vielen Ratsuchenden gab er anschließend, fast im Vorbeigehen wichtige Hinweise. Einem jungen Mann, dem von seiten der Familie in bezug auf seine spirituelle Praxis immer wieder Steine in den Weg gelegt wurden, riet er: *Benehmen Sie sich wie der weltlichste aller Menschen. Zeigen Sie nicht offen Ihre Zuneigung gegenüber dem Göttlichen.*

Geben Sie vor, durch und durch weltlich eingestellt zu sein. Dann wird sich die Opposition Ihrer Eltern auflösen.

Auf dem Weg nach Kalkutta besuchte Sivananda Bodh Gaya, den heiligen Ort, wo dem Gautama Buddha unter einem großen Banyan-Baum die Erleuchtung zuteil geworden war. Die drei Tage in Kalkutta waren ausgefüllt mit verschiedensten Begegnungen. Swami Sivananda sang beim »All-India-Radio« vedische Hymnen, die bald darauf zusammen mit einer Aussprache ausgestrahlt wurden. In Kovvur an der Mündung des Godavari-Flusses hatte man eine große Prozession vorbereitet. Sivananda begab sich auf einen offenen Lastwagen, den man über und über mit Blüten geschmückt hatte. Der Zug nahm einen weiten Weg durch den Ort, um allen Menschen den Darshan zu ermöglichen. Stehend begrüßte er die Menge.

Danach fand ein *Padapuja* statt. Eine große Anzahl von Verehrern legte Blütenkränze, Früchte, Nüsse und Süßigkeiten vor den Füßen Sivanandas ab. Es ist Sitte, bei Begrüßungen von älteren Verwandten und achtenswerten Personen mit den Fingerspitzen die Fußrücken der Verehrten zu berühren.

Über Vijayawada am Krishna-Fluß ging die Reise weiter nach Madras. In der Hauptstadt seines Heimatlandes wurde ihm am Bahnhof, wo Tausende seit den frühen Morgenstunden gewartet hatten, ein glänzender Empfang bereitet. Umhangen von vielen Blütengirlanden bestieg Swami einen großen Prozessionswagen und nahm unter dem Zeremonienschirm Platz. Begleitet von der ekstatischen Musik langer Schalmeien und dickbauchiger Quertrommeln setzte sich der Zug in Bewegung. Viele Menschen schlossen sich der Prozession auf dem Weg zum Parthasarathy-Tempel an. In Windeseile verbreitete sich die Nachricht über die Ankunft eines großen Yogin in Madras. Über die Radiostation wurden Swamis Bhajans ausgestrahlt und das Kinderlied *Eat a little, drink a little* hörte man in den Straßen der Stadt. Am Abend besuchte er den Sivananda-Ashram im Ortsteil Kattupakam und ermunterte die Anwesenden, das Sadhana an die erste Stelle im Leben zu setzen.

Über die Art, Reden zu halten, sagte er einmal: *Wenn ich aufstehe und das Wort an eine Versammlung richte, identifiziere ich mich mit allen. Ich liebe jeden Teilnehmer des Publikums. Ich fühle, daß ich Ihnen mein Herz geben muß – alles, was darin ist, ohne etwas zurückzuhalten. Nur dann, wenn mein Hunger, den Menschen zu dienen, völlig gestillt ist, höre ich auf zu sprechen.*

Sivananda fuhr zu allen fünf Zweigen der Gesellschaft und den Redakteuren der Illustrierten »My Magazine«, bei denen er sich für neunzehn Jahre Zusammenarbeit persönlich bedankte. Weiterhin besuchte er die

Spontane Unterweisung

Zentrale der Theosophischen Gesellschaft und einige große Tempel. Am Ende der vier Tage war Swami völlig erschöpft; seine Stimme wollte fast versagen. Jedoch ließ er sich auch von angesehenen Personen in seinen Aktivitäten nicht bremsen. Bei der letzten Rede vor ungefähr fünfzehntausend Zuhörern in und außerhalb einer Halle bediente er sich eines Mikrophons, das nicht nur seine überstrapazierte Stimme verstärkte, sondern dessen Ständer ihm half, auf den Beinen zu bleiben. Stehend wollte er die vielen Menschen mit Weisheit beschenken.

Die nächsten Tage brachten für Swami Sivananda etwas mehr Ruhe. Er besuchte den berühmten *Nataraja*-Tempel des tanzenden Siva in Chidambaram und begegnete dort dem Weisen Shuddhananda Bharatair. In der ihm vertrauten ländlichen Atmosphäre von Dharmapuram erholte er sich im Ashram des Mahasannidhanam, einem *Jivanmukti* des Südens. Über Tanjore ging die Fahrt nach Trichy. Seinen treuen Schülern erzählte er Begebenheiten aus der Studienzeit, die nun bereits fünfundvierzig Jahre zurücklag. Da man das Programm wegen seines schlechten Gesundheitszustands gekürzt hatte, kam die Gruppe früher als erwartet in Trichy an. Die Pause nutzte Swami für einen Arztbesuch. Der fand heraus, daß Sivananda unter Herzvergrößerung litt und verschrieb ihm absolute Ruhe. Jedoch warteten am nächsten Tag fünftausend Interessierte beim National College auf ihn. Als der Meister seine Rede begann, setzte starker Monsunregen ein, der die Zuhörer aber nicht zu stören schien.

In Rameswaram sollte Swami eine Sänfte besteigen. Sivananda willigte jedoch nur für wenige Minuten ein, weil die Organisatoren unbedingt darauf bestanden. Danach wechselte er über zu einem Ochsenkarren, auf dem seine Begleiter saßen. Mit dem Schiff überquerten sie die Meerenge zwischen Indien und dem damaligen Ceylon. In Colombo wurde er von vielen Menschen, besonders Tamilen aus dem Norden der Insel, herzlich begrüßt. Der Besuch war sehr gut organisiert; die Regierung hatte veranlaßt, daß ein Film über das Ereignis gedreht wurde, und der Premierminister empfing die Gruppe der Swamis. Sivananda besuchte unter anderem das buddhistische Heiligtum Kelaniya in der Nähe Colombos.

An der Südspitze Indiens nahm er bei Kanyakumari ein rituelles Bad. Hier treffen drei Meere zusammen: das Arabische Meer, der Indische Ozean und der Golf von Bengalen. Von Trivandrum, der Hauptstadt Keralas flog die Gruppe nach Bangalore in Karnataka, wo er sich mit folgenden Gedanken an Soldaten der indischen Armee wandte: *Die Welt kann euch keine wirkliche Befriedigung geben. Ihr seid durch eure Wünsche an sie gebunden. Die Begierden sind eure wirklichen Feinde. Die Wünsche haben euch die Unabhängigkeit gestohlen. Wünsche haben euch zu ihren Sklaven werden lassen. Ihr müßt euch mit den wirkungsvollen Waffen der Unterscheidungskraft und Leidenschaftslosigkeit ausrüsten. Sehnt euch nach Befreiung und bekämpft den hartnäckigen Feind im Innern. Selbst ein Weltkrieg mag nur ein paar Jahre dauern, aber diese innere Auseinandersetzung mit der Unwis-*

*senheit und den Begierden kann viele Leben anhalten. Mit Fleiß und Beharr-
lichkeit sowie intensiver Hinwendung könnt ihr den inneren Feind besiegen
und Gott realisieren.*

In Hyderabad war Sivananda so stark erschöpft, daß er während einer
Programmpause zu Paramananda sagte, er sei nicht mehr in der Lage,
sich nur fünf Zentimeter von der Stelle zu bewegen. Er solle ihn nach
Rishikesh bringen und den Rest der Tour absagen. Eine halbe Stunde
später war er wieder auf den Beinen, bereit für das nächste Treffen. Für
die Schüler war es oft wie ein Wunder, wenn er sich schon nach einer
kurzen Pause wieder erholt hatte. Mit dem Zug ging die Reise über
Poona nach Bombay weiter. Wie in Hyderabad hielt er hier eine Rundfunkansprache. In Ahmedabad, einem Zentrum der Stoffindustrie in
Gujarat, besuchte Swami die Wirkungsstätte Mahatma Gandhis. In dessen Ashram gab Sivananda eine Pressekonferenz, in der er seine Lehren
zusammenfaßte. Wegen der dem Englischen eigenen Kürze und Prä-
gnanz werden sie hier im Original abgedruckt:

> *Serve, love, purify, realise;*
> *be good, do good,*
> *be kind, be compassionate.*
> *Adapt, adjust, accomodate,*
> *bear insult, bear injury –*
> *highest sadhana.*
> *Enquire »Who am I ?«*
> *know the Self and be free.*

*Diene, liebe, reinige dich, meditiere, verwirkliche; sei gut, tue Gutes, sei zu-
vorkommend, sei mitfühlend. Sei anpassungsfähig, berichtige Fehler, hilf aus,
ertrage Beschimpfungen, ertrage Ungerechtigkeit – die höchste geistige
Übung. Stelle die Frage: »Wer bin ich?« Wisse um das Selbst und sei frei.*

Dann folgten Erläuterungen zu dieser Unterweisung. Man solle lernen,
falsche Anschuldigungen und Verletzungen ausgeglichen hinzuneh-
men, als ob diese nur Schwingungen im Äther seien. Das erfordere eine
perfekte Zerstäubung des Egos. Die Frage: Wer bin ich? würde ihnen
helfen, das wahre Wesen zu erkennen und die falsche Identifizierung
aufzugeben. Ein Angriff dürfe die Individuen nicht in Betroffenheit
bringen. Dagegen könne die Situation als gute Möglichkeit für Selbster-
gründung und geistigen Fortschritt genutzt werden.

Die letzten vier Tage der zweimonatigen Tour verbrachte Swami in Delhi. Er wurde am Bahnhof vom Justizminister und einer hochrangigen Regierungsdelegation empfangen. Sivananda besuchte das *Rajghat*, die Verbrennungsstätte Gandhis, ebenso den Ort, wo der Mahatma erschossen worden war. Im Hause des Kommandanten aller indischen Truppen, der seit Jahren ein Schüler Swamis war, fand ein Satsang statt. Am letzten Tag war Sivananda zu Gast bei der Familie eines Offiziers. Nach dem Mittagessen hatte Swami sich hingelegt. Kurz nach drei Uhr fragte er, ob das Auto schon angekommen sei, welches ihn zur nächsten Veranstaltung bringen sollte. Es wartete bereits. Swami begab sich hinaus und stieg ein. Von dort schaute er zum Eingang, wo die Dame des Hauses stand. Er fragte: *Kommen wir nochmals hierher zurück?* Sie verneinte und Sivananda grüßte mit zusammengelegten Händen, während das Auto sich in Bewegung setzte. Zwei Minuten später bat er den Fahrer, zum Haus zurückzukehren. Sivananda stieg aus und ging geradewegs durch den Salon in einen weiteren Raum zur Gastgeberin. Dort sprach er sie an: *Entschuldigen Sie mein Verhalten. Ich hätte aussteigen und mich gebührlich verabschieden sollen.* Die Frau sank bestürzt zu Boden, wo sie bei Sivanandas Füßen Zuflucht suchte. Der jedoch verweilte nicht lange und saß bald wieder im Auto. Nach längerem Schweigen sagte er zu seinen Begleitern: *Von irgendwo hat ein wenig Eitelkeit versucht hineinzugelangen. Man sollte ständig auf der Hut sein.*

Bei den Empfängen hörte Swami Sivananda einiges an Lob über die anstrengende Reise. Der Justizminister sagte: »Sie haben durch ein intensives Schauen gespürt, wo die Nöte der Menschen sind und Ihre Arbeit der Verbreitung spirituellen Wissens begonnen. Sie hat bis jetzt bereits Gigantisches bewirkt.« Sri Goswami Ganesh Dutt, ein angesehener *Pandit* und Gelehrter der Stadt: »Es ist wie ein Wunder! Da kommt ein Sadhu, und allein durch seine Gegenwart in der Hauptstadt Indiens hat er die ganze Atmosphäre Neu Delhis transformiert«.

Swami verriet einmal, wie er damit umging, all diese Lobeshymnen, Bekränzungen und Padapujas anzunehmen und nicht dem Stolz zu unterliegen: *Wenn die Menschen mich glorifizieren, besonders an großen Festen wie Geburtstagen usw., nehme ich, wenn ich wieder allein in meinem Raum bin, ein Paar Schuhe, schlage mich recht kräftig damit und sage zu mir: Was bist du? Du elender Körper aus Fleisch, Blut und Exkrementen. Willst du etwa Girlanden? Bist du nicht zufrieden mit zerschlissener Kleidung? Glaubst du, daß du etwas besonderes bist? Willst du, daß man sich vor dir zu Boden wirft? Hier, nimm diese Bekränzungen.*

In Rishikesh hatte sich eine große Menschenmenge am Bahnhof versammelt, um ihn zu empfangen. Als er aus dem Wagen stieg, lag ein Hauch von Stolz auf den Gesichtern der Menschen. Dankbarkeit für dieses Geschenk Gottes erfüllte die Herzen der Anwesenden. Nachdem er im Ashram begrüßt worden war, nahm er ein Bad in der geliebten Ganga und schon eine Stunde später saß er an seinem gewohnten Platz

im Büro, machte sich an die Beantwortung der vielen Briefe, die in der Zwischenzeit angekommen waren. Über seine Eindrücke der »All-India-Tour« schrieb er später: *Das heilige Bharat – das mit Sri Lanka verschwistert ist – war immer die geistige Führung der gesamten Menschheit. Mutter Indien hat ihre Kinder in der ganzen Welt mit der Milch der Weisheit aufgezogen. Dieses innere Verstehen, diese fundamentale Spiritualität, das Verlangen nach der Ewigkeit, die Liebe zu Gott, welches die Völker der vedischen Zeit charakterisierte, all dies fließt noch heute in dem Lebensblut der Inder. Das ist es, was mir während der Reise durch das Land begegnete.*

Sivanandas Tageslauf

Während der Rundreise hatte Swami immer wieder auf die Zeit vor Sonnenaufgang hingewiesen, in der man den Tag beginnen solle. Nicht um vier Uhr, wie es in den Liedern und Anweisungen heißt, sondern um drei Uhr begann sein Tag. Nach kurzer Morgenwäsche folgte eine längere stille Meditation. Danach ging er hinunter zur Ganga, verneigte sich vor ihr und dem Himalaya. Mit der zu einer Schale geformten Hand schöpfte er Wasser, trank einen Schluck und sprenkelte sich die restlichen Tropfen über das Haupt. Danach praktizierte er für einige Zeit Asanas und Pranayama. Diese Übungen preisend, sagte er einmal:

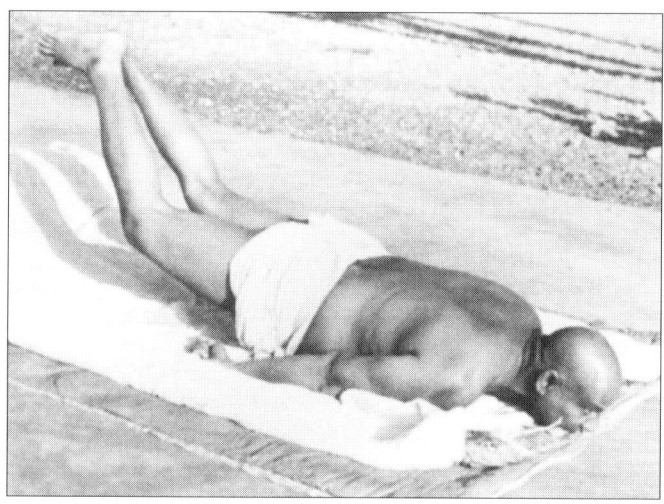

Wie auch immer die Verfassung des Körpers ist, selbst wenn ich Hexenschuß oder Rheuma, Husten oder Erkältung habe, führe ich die Körper- und Atemübungen aus, so gut es geht. Ich weiß nicht, wie es für Euch überhaupt möglich ist, ohne diese Übungen leben zu können.

Besonders die Atemübung *Bhastrika*, der Blasebalg, bei der die Luft mit Hilfe des Zwerchfells in schnellen, kurzen Schüben durch die Nase entlassen und anschließend nach tiefer Einatmung die Luft lange angehalten wird, führte er mehrmals täglich aus; vor dem Frühstück und dem

Mittagessen, gegen Abend und vor dem Schlafengehen. Er bezeichnete diese Übung als sehr mächtig und reinigend.

Nun schlossen sich zwei bis drei Stunden intensiven Schreibens an. Er brachte die Ideen zu Papier, die ihm während des frühen Morgens oder auch des vergangenen Tages gekommen waren. Dabei halfen ihm seine vielen Notizbücher, oft bis zu einem Dutzend, die er an bestimmten Orten im Ashram zusammen mit Lesebrille, Federhalter und Taschenlampe deponiert hatte.

In seiner Kutir war auf seinem Schreibtisch und in der Umgebung alles genau zurechtgelegt, um möglichst zügig schreiben zu können. Schnelle und intensive Arbeit mit einem Höchstmaß an Produktivität bei kleinstem Verbrauch von Energie war sein Ideal. Obwohl er sich aller Literaturgattungen wie Essays, Briefe, Gedichte, Parabeln, Lieder, Aphorismen und sogar Dramen bediente, legte er doch keinen Wert auf eine besonders ausgefeilte Sprache. Gerade einfache Menschen sollten ihn verstehen können. In Sivanandas Schriften kommen auch viele Wiederholungen vor. Sie gehören wie die Wahl kurzer Sätze zu seinem typischen, eindringlichen Schreibstil. Er war ein Meister des Wiederholens und wußte, wie wichtig es für das Sadhana ist. Nur durch häufige Hinwendung an eine Sache oder Übung gelange der Sadhaka in tiefere Schichten des Seins. Regelmäßigkeit schaffe Rhythmus und Standfestigkeit, die es brauche, um immer wieder neu aufkommende Versuchungen zurückzuweisen. Erst auf dieser festen Grundlage könne das Schöpferische Gestalt annehmen. Einem Schüler teilte er einmal folgende Gedanken mit, die an das Bild einer Quelle erinnern, welche immerwährend vom Selbst oder dem Höchsten Wesen gespeist wird, um heilbringende Nahrung für die nach Harmonie und Glückseligkeit dürstende Menschheit zu sein: *Ich kann niemals mit dem Schreiben aufhören. Ich werde schreiben, bis ich blind werde. Und wenn ich blind wäre, würde es jemand für mich aufschreiben. So werde ich weitermachen mit dem Auftrag, Wissen zu verbreiten bis zum Ende meines Lebens.*

Gegen neun Uhr nahm Swami das Frühstück zu sich, ein Glas Milch und eine kleine Portion Getreidebrei. Einige seiner vertrauten Mitbewohner teilten die Mahlzeit mit ihm. Danach wurden zwei oder drei Taschen gepackt für Briefe und Artikel, sonstigen Schriftverkehr und auch für Süßigkeiten und Geschenke. Diese verteilte er an Personen, denen er auf dem Weg zum »Office« begegnete. Sein Gang führte an verschiedenen Stationen vorbei, wo er Prasad verteilte und dann um den Stand der Dinge fragte sowie Anweisungen oder Aufträge verteilte. Die Post war der erste Halt, dann der Schatzmeister und der Schreibsekretär, dem er Manuskripte für die Weiterbearbeitung übergab. Danach suchte er die Küche und die Krankenstation des Ashrams auf. In dem Moment, wenn er das »Office« betrat, machten sich die dort Anwesenden für eine Morgenandacht bereit. Swamis *Universal Prayer* wurde zu diesem Zeitpunkt gemeinsam gesprochen:

> *O anbetungswürdiger Herr der Gnade und Liebe!*
> *Gruß Dir in Demut gebeugt.*
> *Du bist allgegenwärtig, allmächtig und allwissend.*
> *Du bist die Einheit von Sein, Bewußtsein und Glückseligkeit.*
> *Du wohnst im Innern aller Wesen.*
>
> *Gib uns verstehende Herzen, urteilsfreie Sicht,*
> *ein ausgewogenes Gemüt, Glaube, Hingabe und Weisheit.*
> *Schenke uns innige Geisteskraft, Versuchungen zu widerstehen*
> *und den Verstand zu beherrschen.*
> *Befreie uns von Selbstsucht, Begehren der Sinne,*
> *Geiz, Haß, Zorn und Eifersucht.*
> *Erfülle unsere Herzen mit göttlichen Tugenden.*
>
> *Laß uns Dich erschauen in all diesen Namen und Formen.*
> *Laß uns Dir dienen in all diesen Namen und Formen.*
> *Laß uns allezeit Deiner gedenken.*
> *Laß uns stets von Deiner Herrlichkeit singen.*
> *Laß Deinen Namen immer auf unseren Lippen sein.*
> *Laß uns in Dir bleiben allezeit.*

Nach diesem Gebet wurden einige Lieder gesungen, und dann ging es wieder an die Arbeit. Swami machte sich an die Korrespondenz. Jeglichen Briefen, auch denen offizieller Natur, wurde ein gedrucktes Blatt über ein spirituelles Thema und zwei winzige Päckchen mit Prasad und Asche des Opferfeuers im Tempel beigelegt.

Für einige Zeit studierte Sivananda die spirituellen Tagebücher von Schülern und Suchern, die sie ihm gesandt hatten. Anhand von ihnen und dem sogenannten *Jährlichen Zweifelbeseitigungsblatt* gab er ihnen weitere Ratschläge, wie sie ohne große Umwege an ihrer Lebensaufgabe arbeiten konnten. Manch schön geführtes Tagebuch versetzte ihn in helles Entzücken, und er reichte es mit einem Kommentar an den Herausgeber des »Divine Life«-Magazins weiter, damit Auszüge davon gedruckt werden konnten.

Viele Personen warteten auf ihren »Swamiji«, um dies oder jenes mit ihm zu besprechen. Täglich kam ein Lehrer der Hochschule und berichtete über die Arbeit in der Forest University. Einmal im Monat studierte Sivananda die Berichte der einzelnen Zweige und setzte ein Schreiben an deren Leiter auf. Immer wieder kamen Besucher mit ihren Anliegen und Sorgen. Manche bat er, ein Lied zu singen; andere fragte er spontan, ob sie über ihr Spezialgebiet einen kurzen Vortrag halten könnten. Im Büro – es wurde »Jubilee-Hall« genannt – herrschte bisweilen ein reges Treiben. Die jungen Novizen brachten Tee, Gebäck oder Früchte für Besucher; die vielen Schreibmaschinen ratterten fast pausenlos; Katzen, Hunde und Affen spielten am Eingang und lauerten auf einen Leckerbissen. Swami Sivananda machte sich allen zugänglich. Es gab keine Anmeldung und keinen Privatsekretär. Nichts schien ihn aus der Ruhe zu bringen.

Eine wichtige Arbeit war das Führen des großen *Wer – Was – Wo – Registers*. Nur mit dieser Hilfe war er in der Lage, seine äußerst große Korrespondenz zu überblicken. Über diese Kartei sagte er einmal: *Das Vermerken der Adressen von allen Sadhakas ist für mich eine größere Form von Sadhana als Meditation an sich. Es ist eine Art von Meditation, die nicht nur mir selbst, sondern anderen zugute kommt. Sucher aus allen Teilen der Welt korrespondieren regelmäßig mit mir. Für sie wirkt ein Buch oder ein Heft, das sie gelegentlich geschickt bekommen, wie eine günstige Anregung. Es ist dieses Register, welches geistige Nahrung für Tausende ermöglicht.*

»Jubilee-Hall«

Gegen Mittag ging Swami zurück in seine Kutir, nachdem er sich versichert hatte, daß alle Gäste gut untergebracht und versorgt waren. Im Winter nahm er dann sein rituelles Bad im Fluß. Bevor er untertauchte, brachte er seiner verehrten Mutter Ganga Blumen, Milch und etwas von seinem Essen dar. Nach dem Bad ließ er sich von der Sonne trocknen.

Lange nachdem alle Ashram-Bewohner gegessen hatten, nahm er die Mittagsmahlzeit ein. Im Sommer, wenn es sehr heiß war, legte er sich für eine Stunde hin. Gegen halb vier begann die Arbeit in der Öffentlichkeit wieder. Manchmal verschaffte er sich Eindrücke, wie es in der Hochschule voranging, andere Male führte er neue Besucher durch den Ashram oder er suchte die Krankenstation auf. Unverhofft war er auf einmal irgendwo zugegen, wo man ihn gerade brauchte oder vielleicht nicht erwartet hätte.

Die Stunde vor Sonnenuntergang verbrachte er am geschützten Ufer vor seiner Kutir in stiller Meditation. Es schloß sich Kirtan und eine *Arati*-Zeremonie zum Lobe der Göttin Ganga an, zu der sich viele Swamis und Gäste einfanden. Sivananda selbst spielte Harmonium und sang vor. Am Ufer wurden danach Blumen aufs Wasser gelegt und zuweilen Butterlichter in winzigen Booten aus Blättern auf die Reise geschickt, während die Rezitationen über die Qualitäten Gangas erklangen. Bevor Sivananda zum Satsang auf den Hügel stieg, nahm er mit vertrauten Swamis ein leichtes Abendessen zu sich. Noch einmal begab er sich unter die vielen Leute und schenkte ihnen sein Herz während der Kirtan-Gesänge. Gegen dreiundzwanzig Uhr verabschiedete er die letzten Gäste, die ihn bis vor seine Kutir begleitet hatten. Nun endlich durfte er ruhen.

Swami und die Wunder

Einer von Sivanandas typischen Briefen lautet: *Geliebter Mahadev! Verwirklichung kann nicht durch ein Mirakel des Guru zu Ihnen kommen. Ob der erhabene Buddha, der Herr Jesus oder Rama Tirtha, sie alle haben Sadhana ausgeübt. Sri Krishna forderte Arjuna auf, Leidenschaftslosigkeit zu entwickeln und die ständige Übung beizubehalten. Er sagte nicht zu ihm: Ich gewähre Dir Befreiung. Deshalb verzichten Sie auf die falsche Vorstellung, daß Ihr Lehrer Ihnen Samadhi oder Mukti geben wird. Bemühen Sie sich. Werden Sie innerlich rein. Meditieren Sie und verwirklichen Sie sich selbst.*

Swami sah den Gebrauch magischer Fähigkeiten, Hellseherei und Wundertaten als große Hindernisse auf dem spirituellen Weg an und riet den Schülern, ihnen keinerlei Beachtung zu schenken. Er selbst hütete sich davor, in der Öffentlichkeit in solcher Weise zu wirken. Wenn ihm Wunderdinge zugesprochen wurden, gab er es nicht zu, sondern sagte beispielsweise: *Der Allmächtige führt solche Wunder aus, um den Glauben der Menschen zu festigen. Es gibt keine Wunder oder Siddhis. Normale Menschen sind recht unwissend über höhere spirituelle Dinge. Sie sind tief in die Vergessenheit hinabgesunken. Sie sind ausgesperrt vom transzendentalen Wissen. So bezeichnen sie außergewöhnliche Ereignisse als Wunder. Aber für einen Yogin, der die Dinge im Lichte des Yoga wahrnimmt, gibt es keine Wunder. So wie ein Dorfbewohner über ein Flugzeug am Himmel oder den ersten Kinobesuch in Erstaunen gerät, so verwundern sich die normalen Menschen, wenn sie zum erstenmal etwas Unfaßbares erleben.*

Wenn Personen geheilt wurden oder er Personen im Traum erschien, was nicht selten vorkam, nie beanspruchte er dieses Wirken für sich selbst: *Ah, es ist alles Gottes Gnade – Gott tut all diese Dinge.* In seiner Person bildeten der Körper, der Geist und das allmächtige Selbst eine bewußtgewordene Einheit; aus seinem überquellenden Herzen, nicht aus persönlichem Wunsch oder Begehren geschahen die vielen alltäglichen kleinen Wunder. Das Leben an sich war für ihn ein Wunder, wie es sich von Minute zu Minute gestaltet und sich verwebt mit anderen Ereignissen im näheren oder weiteren Umfeld.

Zuweilen empfing er Gäste mit Begrüßungsworten aus deren Muttersprache. Sie redeten dann zum Beispiel auf Deutsch weiter und Swami hörte zu, verstand exakt die an ihn gerichteten Fragen und beantwortete diese auf Englisch. Kleine Wunder waren es oft auch, wie sich Sivanandas Kontakt zu späteren Schülern vollzog. Ein Postbeamter im südindischen Bangalore schlug aus Neugierde ein Buch Swami Sivanandas auf, welches aus einem aufgerissenen Paket vom Tisch auf den Boden gefallen war. Der Satz, den er las, berührte sein Herz so tief, daß sich ihm die innere Welt des Geistes für einen Moment öffnete. Er trug daraufhin viel zum Aufbau des Zweiges von Bangalore bei. Menschen, die sich im Ashram begegneten, fragten sich gegenseitig oft, wie sie Sivananda kennengelernt hatten und mußten erstaunt feststellen, daß es in der Tat eine höhere Macht ist, welche die Schritte der Erdenbewohner lenkt und ihnen den Weg zu neuen Aufgaben weist.

Satsang – »das Boot zum anderen Ufer«

Die abendliche Zusammenkunft im Ashram lag Swami ganz besonders am Herzen. Er lud immer wieder die Kranken und Problembeladenen dazu ein. Sie begann mit der gemeinsamen Rezitation einiger Mantren aus den Veden und *Upanischaden,* den Lehrgedichten der jüngeren vedischen Zeit. In frühen Ashram-Tagen, als nur wenige Menschen teilnahmen, wurde nach dem Mantra-Singen jeweils von einer Person ein Abschnitt der Bhagavad Gita vorgelesen. Diese für die Inder sehr bedeutsame heilige Schrift heißt übersetzt: »Gesang des Erhabenen« und

Satsang vor Sivanandas Kutir

ist ein Text des Mahabharata-Epos. Sri Krishna erklärt darin dem ratlosen Krieger Arjuna auf dem Schlachtfeld, wie er gemäß dem Yoga zu handeln hat. Er beantwortet die Fragen Arjunas und weiht ihn in den Yoga ein. Arjuna erkennt im Laufe der Unterweisung mehr und mehr über den Grund seines Daseins und erlangt *Viveka*, die tiefe Unterscheidungskraft. Er erfährt, was wahr und was unwahr, was beständig und was von kurzer Dauer ist.

Nach dem Vorlesen eines Abschnittes der »Gita« trug der Leser einen Kirtan-Gesang vor. Danach reichte er Buch und Lampe zum nächsten weiter. Swami riet den *Bhaktas*, die Augen geschlossen zu halten. Man solle sich ganz dem Göttlichen in sich zuwenden, nicht mit dem Gesang andere unterhalten wollen oder versuchen, besonders schön zu singen. Er legte Wert darauf, daß sich jeder ans Vorsingen gewöhnte. Ausreden oder Erklärungen wollte er nicht anerkennen; Furcht sei ein großes Hindernis für den geistigen Fortschritt.

Nachdem die Lampe seine Runde beendet hatte, sangen alle gemeinsam das Maha Mrityunjaya Mantra. Danach folgte das Arati, eine Feuerzeremonie, sowie das Singen von Mantren für den Frieden der Menschen und der Welt:

Om Sarvesham Svastir Bhavatu
Sarvesham Shantir Bhavatu
Sarvesham Purnam Bhavatu
Sarvesham Mangalam Bhavatu

Om – Möge es allen Lebewesen wohlergehen. Mögen alle Frieden haben. Mögen alle die Fülle haben. Mögen alle Heilung erfahren.

Asato Ma Sat Gamaya
Tamaso Ma Jyotir Gamaya
Mrityor Ma Amritam Gamaya

Führe mich vom Unwirklichen zur Wirklichkeit, aus der Dunkelheit zum Licht und vom Tod zur Unsterblichkeit

Om Purnam Adah Purnam Idam
Purnat Purnam Udachyate
Purnasya Purnam Adaya
Purnam Evavashsishyate

Om – Jenes ist Fülle, dieses ist Fülle. Aus Fülle geht Fülle hervor. Wenn Fülle aus der Fülle entnommen wird, bleibt dennoch Fülle übrig.

Swami ermunterte die Gäste, auch zu Hause mit Bekannten und Freunden Satsang-Treffen zu organisieren. Die Kirtan-Gesänge hätten eine starke reinigende Wirkung auf das Herz und mit der Zeit würde sich die Gegenwart des Herrn im Bewußtsein verankern. In einem Brief erklärte Sivananda einem Schüler das Wesen dieser Zusammenkünfte:

*Satsang oder das Aufsuchen von Weisen nimmt das Dunkle und die Unrein-
heiten des Herzens hinweg, führt hin zum geistigen Weg und bewirkt, daß
ein heiliges Licht im Herzen zu scheinen beginnt. Satsang ist Ihr Rettungs-
boot. Unterscheidungskraft ist Ihr Kompaß Leidenschaftslosigkeit ist Ihr Anker. O Kapitän der Seele! Steuern Sie das Schiff ohne Angst durch den Ozean
von Samsara und kreuzen Sie hinüber zum Ufer der Unsterblichkeit.*

Puja vor dem Bildnis Sri Krishnas

Wann immer er religiöse Handlungen vollzog, gehörten Mantra-Gesänge
dazu. Am meisten ans Herz gewachsen war ihm das Maha-Mantra:

Hare Rama Hare Rama
Rama Rama Hare Hare
Hare Krishna Hare Krishna
Krishna Krishna Hare Hare

Er schlug vor, daß es ohne Unterlaß im Ashram gesungen oder rezitiert
werden sollte. Die Schüler waren einverstanden, und ein Plan wurde
erstellt, wer zu welcher Zeit in der Bhajan-Halle wachen und mit dem
Mantra die Namen Gottes preisen solle. Seit dem 3. Dezember 1943
wird dieses Mantra dort fortlaufend rezitiert.

Ein weiterer Vers, welchen Swami Sivananda sehr schätzte, ist den Hindus als *Gayatri* bekannt. Es gilt als der größte und heiligste Satz der Rigveda. Hierzu Swamis Erläuterungen und Hinweise: *Das Gayatri ist das Leben und der Halt eines jeden wirklichen Hindu. Es ist die unüberwindliche geistige Waffe, die wahrhaftige Festung, die ihren Verehrer beschützt und bewacht. Dies ist in der Tat auch die Bedeutung des Wortes Gayatri – das, welches denjenigen beschützt, der es singt.*

Om Bhur Bhuvah Svaha
Tat Savitur Varenyam
Bhargo Devasya Dhimahi
Dhiyo Yo Nah Prachodayat.

Om – Erde, Luftraum und Himmel. Wir meditieren über den wünschenswerten Glanz des Gottes der Sonne. Möge Savitris Leuchtkraft unser Denken antreiben.

Swami Sivananda wies immer wieder auf die Bedeutung des Gebetes hin. Es gäbe zwar unterschiedliche Formen, aber ihr Fundament sei immer das gleiche – die Selbstlosigkeit. Dieser hohen Tugend solle man sich annähern. Nicht so sehr für die eigene Erlösung, sondern für Kranke, für die Seelen der Verstorbenen, für die Geschwister und für diejenigen, welche Zuwendung nötig hätten, solle gebetet werden. Man würde dadurch zu einem Überträger der göttlichen Gnade, die dann zu anderen hinüberfinden könne. Sein Wunsch war es, daß die Schüler das Wesen des Gebetes immer tiefer verstünden. Es würde mit der Zeit in ihnen zu einem Geistkern werden und sie immer mehr erfüllen. Als äußere Hilfe der Vergegenwärtigung dienten Bilder in den Räumen, vor denen morgens eine Öllampe entzündet wurde. Die Götterbilder wurden zuvor mit einer frischen Blütengirlande bekränzt und durch ein kurzes Arati gewürdigt. In der Bhagavad Gita spricht Sri Krishna: »Was immer meine Verehrer mir in Liebe darbringen, selbst wenn es nur ein Blatt, eine Blüte oder etwas Wasser ist, ich nehme es mit größtem Wohlgefallen entgegen.« Swami erklärte des öfteren, daß ein Gottesbild durch die Anbetung zwar ein Idol bliebe, aber die hervorgebrachte Hinwendung zu Gott gelange. Bilder, Schreine und Statuen seien eine Art Übungsfeld, auf dem man langsam erkenne, daß Gottes Wohnstatt überall sei. In dem Lied über »Vibhuti-Yoga«, das in Anlehnung an das zehnte Kapitel der »Gita« entstand, heißt es über die Kräfte der göttlichen Manifestation:

So'ham So'ham So'ham So'ham,
Om Om Om Om.
Ich bin weder Gemüt noch Körper,
unsterbliches Selbst ist meine Natur.
Ich bin Zeuge der drei Zustände;
unbeschränktes Wissen bin ich.
Ich bin der Duft des Jasmins und
das Schöne der Blumen, die Kühle
im Eis und das Aroma im Kaffee.
Ich bin das Grün des Blattes,
die Farben im Regenbogen,
der Geschmack auf der Zunge
und Nektar der Orangen.
Ich bin das Verstehen hinter allem
Verstand, der Odem im Atem,
die Seele der Seelen und
das Selbst aller Wesen.
Ich bin das Atman im Leben,
Augapfel aller Augen und Sonne der
Sonnen, das Licht allen Lichtes,
Ich bin, der ich bin, ich bin, der ich bin.

Abend-Arati am Fluß

Alles erinnerte ihn an die Existenz Gottes. Wenn er seine Kutir verließ, sah er den Strom und dachte an Sri Krishnas Worte: »Unter den Flüssen bin ich Ganga« und wenn er die Berge erblickte: »Von den unbeweglichen Dingen bin ich die Kette des Himalaya.« (Bhagavad Gita 10, 25-31)

Japa-Meditation

Eine wichtige Methode, das Gebet in sich zu verwurzeln, stellte für Sivananda das Wiederholen des göttlichen Namens dar. Wenn Gäste ihn befragten, wie sie ein spirituelles Leben beginnen sollten, schlug er als erstes die Japa-Meditation vor, anstatt lange theoretische Ausführungen zu machen: *Ich gebe Ihnen ein Mantra, und Sie wiederholen es so oft wie möglich. Mit der Zeit wird es sich zur Grundlage ihrer Gedanken entwickeln.*

Über das Wesen von Meditation erklärte er einmal: *Konzentration bedeutet, das Bewußtsein auf ein bestimmtes Objekt auszurichten. Ein ununterbrochener Fluß der Hinwendung ist Meditation. Dieser stabile, regelmäßige Gedankenfluß hin zum Objekt der Konzentration bedeutet Meditation. Die Konzentration geht in Meditation auf. Meditation öffnet die Türen des Verstandes für intuitives Wissen und weitere Mächte. Was immer du möchtest, kannst du durch Meditation erreichen. Während der Meditation werden alle weltlichen Gedanken des Verstandes ausgeschlossen. Meditation heißt im Sanskrit Dhyana und ist die siebte Stufe auf der Leiter des Yoga.*

Swami empfahl immer wieder den Ratsuchenden, sich für die Übung der Konzentration möglichst einen separaten Raum herzurichten, in dem nicht gesprochen werden sollte. Mit reinem Körper und ehrfürchtiger Gesinnung solle man diesen Raum betreten, eine Kerze und etwas Kampfer oder Weihrauch entzünden und sich auf der Sitzunterlage, die wie die Körperstellungen *Asana* genannt wird, Richtung Norden oder Osten niederlassen. Dabei sei die aufrechte Haltung der Wirbelsäule von großer Bedeutung für wachsames Üben.

Swami Sivananda vermied alle spekulativen Fragen so gut es eben ging. Einmal kam ein Gelehrter in die »Jubilee-Hall« und fragte Swami nach dem Unterschied zwischen *Nirvikalpa* und *Savikalpa Samadhi*. Die anwesenden Swamis waren gespannt auf die Antwort; sie selbst trauten sich kaum, eine solch abstrakte Frage zu stellen. Sivananda legte seinen Füllhalter beiseite und schaute den Besucher lange an. Eine totale Stille breitete sich aus, bis Swami nach einigen Minuten sagte: *Ohji, was möchten Sie trinken, Milch, Kaffee oder Tee?* Der Pandit:»Ich denke, ich nehme einen Kaffee.« *Und Früchte, ein paar Idlis?* Der Pandit willigte ein und Swami trug einem Novizen auf, die gedämpften südindischen Reisküchlein aus der Küche zu holen. Swami Sivananda bat um ein Nach-

schlagewerk und blätterte darin, während der Pandit sich stärkte. Nach ungefähr zehn Minuten trat eine Dame ein, warf ihrem Mann einen strengen Blick zu und sagte:»Wie lange hast du vor, noch hier zu bleiben? Steh auf und laß uns gehen!« Der Pandit gehorchte und folgte ihr. Als sie weg waren, konnte Swami nicht anders als lachen, bis ihm die Tränen kamen.

Für die Japa-Meditation empfahl Sivananda eine Mala mit *Rudraksha-* oder Tulasi-Perlen. Die Rudraksha-Samen des gleichnamigen seltenen Baumes weisen auf *Rudra* hin, einen alten vedischen Namen für Siva. In der Mythologie wird erzählt, daß der Baum aus einer Träne dieses alten Sturmgottes Rudra gewachsen sei. Die Mala wird zwischen Daumen, Mittelfinger und Ringfinger gehalten. Die Hand befindet sich in Höhe der Herzgegend. Die Perle am Ende der Gebetskette gilt dem Lehrer. Vor ihr angekommen, wird die Kette gewendet und von neuem begonnen. Das Kreisen der Mala hilft, konsequent bei der geistigen Übung zu bleiben und zeigt das Ende eines Zyklus an. Manche Sadhakas verwenden spezielle Stoffsäckchen für die Hand mit der Mala, damit sie unter anderem nicht sehen können, wie viele Perlen schon durch die Finger gewandert sind. Tagsüber und auch nachts soll man die Mala bei sich tragen, um sich Gottes Gegenwart bewußt zu werden. Der Tag beginnt und endet so im Gedenken an den Herrn.

Swami riet auch immer wieder das Schreiben des göttlichen Namens. Hierzu gab er ganz konkrete Anweisungen. Man solle ein Notizbuch zur Hand nehmen und möglichst jeden Tag zur gleichen Zeit eine halbe Stunde lang sein empfangenes Mantra sorgfältig schreiben. Dabei soll versucht werden, sich gedanklich nicht ablenken zu lassen. Die ständige Wiederholung bei der Arbeit des Schreibens führt in einen Rhythmus hinein. Die entstehende Klarheit im Innern dringt in die äußere Form des Schriftbildes.

Im Laufe der Zeit erhielt Swami Sivananda viele der Likhit-Japa-Bücher. Sie wurden gesammelt und gebündelt. In einem Raum nahe des Tempels fanden die in bunte Stoffe gewickelten Pakete in einem mannshohen großen Schrein einen Platz. Diesen stillen Ort nutzen auch heute noch manche Sadhakas, ihre Japa-Meditation im Gehen auszuführen. Das Erüben soll sich mit der Zeit im normalen Dasein mit der Tagesarbeit verbinden und helfen, den Abstand zur Identifikation mit dem Körper behalten zu können. Bei Meinungsverschiedenheiten oder sich aufbauender Anspannung ist es eine große Hilfe, wenn man sich recht schnell an das Mantra erinnert und so zu Abstand und innerer Ruhe gelangt. Swami hörte man während einer längeren, sich zuspitzenden Argumentation schließlich sagen: *Om Namah Sivaya.* Es war das Zeichen für eine Besinnungspause, und die Beteiligten bemerkten, daß sie wieder einmal zuviel oder in rechthaberischer Weise gesprochen hatten.

Japa und Meditation war für Sivananda das gleiche; so nannte er in der Regel keine weiteren komplizierten Techniken, wie man in eine Meditation gelangen könne. Eine Technik allein gewänne allzu schnell die Herrschaft über den Menschen und würde so ihr Ziel verfehlen. Er sagte, daß bei dem Versuch, unbedingt in die Meditation finden zu wollen, bereits eine Trennung im Bewußtsein entsteht. Das begrenzte intellektuelle Denken kann von sich aus diese Schwelle zur Transzendenz nicht überwinden. Meditation sei ein Zustand, in den man, wenn die Zeit gekommen ist, mühelos hineingleiten würde. Als ein Geschenk der Gnade Gottes wird sie den Menschen zuteil. Jedoch zuvor ist Ausdauer vonnöten. Swami bemerkte einmal: *Am Anfang ist das Praktizieren von Japa und Meditation trocken, wenig schmackhaft und kaum zu genießen.*

Von der Druckerei und der Macht der Worte

Im Ashram gab es jedes Jahr finanzielle Krisen, und man hatte sich schon fast daran gewöhnt. 1949 entschied der Vorstand der Gesellschaft, daß viele Langzeitgäste nicht bleiben könnten. Die anderen sollten ihre Almosengänge wieder aufnehmen. Swami wollte davon nicht ausgenommen sein. Er setzte sich dafür ein, daß auf keinen Fall der Druck von Zeitungen gestoppt oder reduziert würde. Wenn kein Geld für die Versendung von Büchern vorhanden sei, sollten sie an Besucher und Pilger frei verteilt werden.

Schon bald nach diesen Beratungen kam eine große Spende, und die Pläne brauchten nicht ausgeführt zu werden. Im Gegenteil füllten sich die Kassen durch die »All-India-Tour« und man konnte sogar eine kleine Druckerei einrichten. Im September 1951 wurde die »Yoga Vedanta Forest University Press« eingeweiht.

Das *Jnana Yajna,* wie Sivananda es nannte, konnte nun ganz zur Blüte gelangen. Yajna bedeutet Opfer und Jnana Wissen. Die vielen Verhandlungen mit verschiedenen Druckereien im Lande und in Rishikesh kamen nun langsam zu einem Ende. Aus Afrika war Herr Srinivasa zum Ashram gelangt, der zusammen mit Swami Dayananda die Druckerei aufbaute. Sivananda initiierte den äußerst fleißigen »südafrikanischen

Sivananda« und wählte den Namen Sahajananda für ihn aus. Er bedeutet: Glückseligkeit, die der natürlichen, ureigenen Hingabe entspringt.

1953 wurde der Ashram an das öffentliche Stromnetz angeschlossen. So konnten die pedalgetriebenen Maschinen nach und nach durch neuere ersetzt werden. In den verschiedenen Abteilungen wurden Angestellte beschäftigt, die durch den Geist, der im Ashram herrschte, eine innige Beziehung zu ihrer Arbeit bekamen. Swami Sivananda kam oft, ermunterte sie zu Experimenten, deren Kosten er übernehmen würde. Swami Dayananda fuhr herum und erkundigte sich, wie man schneller und kostengünstiger drucken könne.

Swami an der neuen Setzmaschine

Die Angestellten der Druckerei arbeiteten unermüdlich, damit immer genügend Bücher von Sivanandas Hauptwerken im Lager vorrätig waren. Sivananda und das Personal der Versandabteilung verschickten viele Exemplare unaufgefordert in alle Himmelsrichtungen, unter anderem an Sir Winston Churchill, an Präsident Truman und an Stalin. Swami war sicher, daß die Bücher nicht ungelesen bleiben würden und daß sie manchen Menschen eine neue Weltsicht eröffnen würden.

106

Eines Tage erhielt der Ashram einen offiziellen Brief von einer Regierungsstelle. Der beigefügte Name des Amtsleiters fiel Swami ins Auge, und sofort griff er zu einem Buch, signierte es mit: *Gott segne Sie. Prem und Om, Ihr Sivananda.* Der Name wurde auf die Liste für den freien Versand des Magazins gesetzt und das Buch ging weiter zur Post. Nachdem der hohe Beamte die zweite Zeitschrift erhalten hatte, diktierte er seinem Sekretär einen Brief an den Ashram: »Vergeuden Sie nicht Ihre Zeit, mir diese Dinge zu schicken. Ich mag sie nicht. Ich kann sie nicht einmal anschauen.« Als Sivananda den Brief las, sagte er: *Er will nicht. Also gut. Streicht seinen Namen aus der Liste. Wir wollen niemandem etwas aufdrängen.* Die Sache schien erledigt. Doch ein weiterer Brief folgte: »Ich erhielt vor zwei Jahren ein Buch von Ihnen. Der Himmel weiß, wie Sie zu meinem Namen und meiner Adresse kamen. Zu der Zeit hatte ich eine Stelle von Macht und Prestige inne. Ich war so arrogant und stolz, daß ich das Buch, als ich es sah, sofort wegwarf. Etwas später verlor ich den Posten, mit Geld und mit allem anderen ging es bergab. Eines Tages – ich hatte Selbstmordgedanken – begab ich mich in das Schreibzimmer und setzte mich, von aller Welt verlassen, an den Tisch. In gedrückter Stimmung schaute ich auf und mein Blick fiel auf ein Buch mit dem Titel: Erfolg im Leben und Selbstverwirklichung. Fast mechanisch griff ich nach dem Buch, schlug es auf und las die Worte: *Verzweifle niemals.* Auf einmal erinnerte ich mich, daß ich genau dieses Buch von Ihnen vor zwei Jahren herzlos in den Papierkorb geworfen hatte. Mein Diener, der es beim Saubermachen fand, hatte gedacht, daß es versehentlich dort gelandet war. Er staubte es ab und stellte es ins Regal, ohne mich zu fragen. Ich bin ihm und auch Ihnen sehr dankbar. Das Buch hat mir das Leben gerettet.«

Swamis Bücher zeichnen sich durch einen großen Praxisbezug aus. Ein gesunder, energetischer Körper war für ihn eine Grundvoraussetzung für das spirituelle Sadhana. Viele Titel seiner Werke weisen darauf hin: Yoga im täglichen Leben; Einfache Schritte zum Yoga; Yogische Übungen für zu Hause; Der Familiendoktor usw. Weitere Bücher richten sich an Menschen, die sich für Philosophie und allgemeine Lebensweisheiten interessieren: Vedanta im täglichen Leben; Ethik der Bhagavad Gita; Die Essenz der Gita in Gedichten; Das Gemüt, seine Geheimnisse und die Kontrolle des Denkens.

Diejenigen, welche Informationen über Religion haben wollten, griffen zu Titeln wie: Die Praxis des Bhakti-Yoga; Die Wellen der Ganga;

Sri Krishna, seine Lilas und Lehren; Gott Siva und seine Verehrung; Sadhana; Konzentration und Meditation; Weisheit der Upanischaden; Die Essenz des Ramayana usw.

Swami Sivananda richtete sich auch an literarisch Interessierte. Aus dem Inhalt einiger Upanischaden schuf er Dramen. Für Lieder und Gedichte bediente er sich zuweilen des Reimes. Besonders gern wies er auf Tugenden und Qualitäten anderer Menschen hin. So schrieb er mehrere Bände über das Leben von großen Persönlichkeiten. In dem Buch »Great Men and Women« hat er kurze Lebensabrisse verschiedenster Menschen aller Epochen in Gedichtform dargestellt. Zu Albert Einstein schrieb er:

Er ist der größte Wissenschaftler
der heutigen Zeit.
Er ist ein Jude.
Er lebte in Deutschland.
Aber er wurde durch Herrn Hitler
von dort vertrieben.
Er ist jetzt in Amerika.
Er ist der Entdecker
der Relativitätstheorie.
Er ist ein Nobelpreisträger.
Er ist der größte Mathematiker von heute.
Ruhm und Ehre für Einstein.
Meinen Respekt erweise ich ihm.

Unter anderem pries er die Größe der Philosophen Schopenhauer, Hegel und Kant, den Psychologen Alfred Adler, die Theologen Swedenborg und Bonaventura, die heiligen Frauen Elisabeth von Ungarn und Katharina von Siena. Selbst der im Westen kaum noch bekannten jungen Heiligen Maria Goretti aus Italien widmete er ein Erinnerungsgedicht:

Vor achtundvierzig Jahren
wurde Maria Goretti, ein Mädchen von zwölf Jahren
in der Küche in ihrem Gebirgsdorf Süditaliens
von ihrem zwanzigjährigen Nachbarn
Allessandro Serenelli überfallen.
Er versuchte sie zu mißbrauchen.
Sie verblutete durch vierzehn Dolchstiche,
die in sie eindrangen.
Als ihre Mutter zur Küche hineinkam
während sie verblutete,
flehte sie um Vergebung für ihren Mörder.
Kürzlich hat der Papst sie zu einer Heiligen
der Römisch Katholischen Kirche erklärt,
während einer Zeremonie im Freien,
die bezeugt wurde von nicht weniger
als dreihunderttausend Personen.
Reinheit bringt Heiligkeit hervor.
Gelobt sei Maria Goretti.
Meine Verehrung für sie.

Sivananda hat über alle Yoga-Richtungen geschrieben, sie zu einer Synthese vereinigt und ihnen neuen Geist eingehaucht. Seine Pesönlichkeit schöpfte aus der klaren Quelle des Selbst und beschenkte die Leser mit einer überirdischen Strahlkraft, die hinter den Worten auf subtile Weise wirkt. Die großen Epen und Weisheitsbücher Indiens hat er für das Volk aufbereitet, die wichtigsten Begebenheiten treffend einfach dargestellt und kommentiert. Sivananda hat auch einige anspruchsvolle Texte des Philosophen Sankara übersetzt und erläutert. Alles in allem hat er neben den vielen Artikeln für Zeitschriften circa dreihundert größere und kleinere Werke veröffentlicht.

Über das Christentum
und die Einheit der Religionen

Von den bekannten indischen und asiatischen Heiligen aus verschiedenen Religionen und Kulturepochen verfaßte Sivananda Kurzlebensläufe. Er würdigte auch Zeitgenossen, denen er begegnet war, wie zum Beispiel Ramana Maharshi, die Seite an Seite mit ihm an der Aufrichtung eines neuen Bewußtseins gearbeitet hatten. Über *Sri Aurobindo* schrieb er in fast ungewöhnlich langen Sätzen: *Als das Kronjuwel des wiedererstandenen Indien, als der kühnste unter den Patrioten, der Scharfdenkendste unter den Intellektuellen und der Feinfühligste unter den Sehern vollendete Sri Aurobindo die glänzende Tat, der Welt zu zeigen, daß das wahre Indien, das Indien der vedischen Seher in der Lage ist, zu überleben und in sich alle fremden Kulturen aufzunehmen, und das aus den Händen von jemandem, dem die komplette Synthese vertraut war, innerhalb derer östliche und westliche Kulturen ihr vereinendes Gewand finden konnten, ohne sich notwendigerweise gegeneinander zu stellen. Sri Aurobindos Life Divine – das heilige Leben, welches er lebte und verkündete – wird ewig weiterleben und die Menschheit inspirieren. Die Nachwelt wird ihn als Mitglied der Galaxis von vedischen Sehern preisen. Möge sein Licht allezeit leuchten.*

Seit seinen Studienjahren im College von Trichy hatte er sich immer wieder mit dem Leben von Jesus Christus befaßt und auf dessen Bedeutung für die gesamte Menschheit hingewiesen. Er empfahl seinen aus hinduistischer Tradition kommenden Schülern die Bergpredigt als einen zentralen Text zur Verwirklichung des Selbst. Diese Schlüsselstellen aus dem Evangelium nach Matthäus sollten am besten auswendig gelernt werden und täglich ein Satz daraus in die Meditation hineingenommen werden. Sivanandas Anliegen war es, ein über die Konfessionen hinausgehendes Christus- und Gottesverständnis zu fördern, wovon das nachfolgende Zitat aus dem bereits erwähnten Buch »Life and Teachings of Lord Jesus« ein Zeugnis zu geben vermag: *Derjenige, welcher die Kontrolle über das Fleisch gewonnen hat, der das Fleisch gekreuzigt und die Leidenschaften besiegt hat, der das niedere Ich abgetötet hat, kann das Kreuz tragen. Christus nahm die Sünden der Menschheit auf sich, litt für ihre Sünden und befreite*

sie. Die Stimme Jesu ist wahrhaft die Stimme des ewigen Wesens. Durch ihn drückt sich der Ruf des Unendlichen an das Endliche aus, des kosmischen Wesens an das Individuum, der Ruf Gottes an den Menschen. Seine göttliche Stimme ist deshalb dieselbe wie die Stimme der Veden und der Upanischaden, die Stimme des Koran, des Zend Avesta, des Dhammapada und aller heiligen Schriften aller großen Weltreligionen. Jesus ist die Verkörperung aller seiner Lehren. In Jesus sehen wir vollkommene Heiligkeit, Güte, Freundlichkeit, Gnade, Sanftheit und Gerechtigkeit. Er sagte: Ich bin der Weg, die Wahrheit und das Leben. Er ist die Verkörperung des Besten, Erhabensten und Schönsten. Er ist das vollkommenste Vorbild und das Ideal der Menschheit. Eine fast überirdische, makellose Reinheit ruhte wie ein göttlicher Mantel über der erhabenen

Persönlichkeit von Jesus, dem Christus. Sein Leben war eine wundervolle Kombination von Jnana, Bhakti und Karma. Eine ideale, integrale Entwicklung von Kopf, Herz und Hand hat sein Leben zu einem Beispiel für die Menschheit gemacht, dem in alle Ewigkeit nachzueifern ist. Christus war sich seiner untrennbaren Einheit mit dem höchsten Selbst immer bewußt. Trotzdem fanden tiefe Hingabe und Liebe für den persönlichen Gott ständig in ihm in Form von Gebeten, Lobpreis und Verherrlichung Ausdruck in seinem tatsächlichen täglichen Leben. Jesus war in der Tat eine Personifizierung des Geistes von Karma-Yoga. Sein ganzes Leben war ein ununterbrochener Dienst an den Notleidenden. Seine Füße bewegten sich nur, um dorthin zu gelangen, wo Hilfe gebraucht wurde. Wenn seine Hände sich bewegten, dann geschah es nur, um den Bedrängten und Unterdrückten zu helfen. Seine Zunge sprach nur, um sanfte, honigsüße Worte des Mitgefühls, des Trostes, der Inspiration und Erleuchtung zu sprechen. Allein mit dem Strahl seiner leuchtenden Augen eines Yogin erweckte, erhob und verwandelte Jesus jene, die er ansah. Er fühlte, dachte, sprach und handelte zum Wohl anderer. Inmitten all dessen weilte er im ungebrochenen Bewußtsein der Erkenntnis: Ich und der Vater sind eins.

1945, als ein zuvor noch nicht in solch verheerendem Maße dagewesenes menschliches Aggressionspotential über Jahre gewütet hatte, und viele Metropolen zerstört waren, rief er eine Föderation der Weltreligionen ins Leben. Er mag vorausgesehen haben, daß es zwei Jahre später nach Erreichen der Unabhängigkeit auch im eigenen Lande zu heftigen, religiös bedingten Auseinandersetzungen kommen sollte. Durch die Kämpfe zwischen Hindus und Muslimen wurde die Teilung Indiens herbeigeführt. In seinen Ausführungen zur Notwendigkeit dieser Föderation heißt es: *Die hauptsächlichen Glaubensaussagen aller Religionen befinden sich in perfekter Übereinstimmung miteinander. Die kleinen Unterschiede sind lediglich oberflächlicher Art. Deshalb messen Sie ihnen kein großes Gewicht bei, sondern halten Sie sich an die grundlegenden Dinge; dann wird kein Raum entstehen für Konflikte, Mißverständnisse und Streitereien. Harmonie und Brüderlichkeit wird vorherrschen. Die Menschheit kann dann vereint leben. Es ist nicht möglich, solch eine wohlgesonnene Übereinstimmung durch soziale Einrichtungen, esoterische Bruderschaften, politische Parteien oder enthusiastische Programme sowie Werbesprüche zu errichten, denn all diese Aktionen berühren nur den äußeren Rahmen des menschlichen Wesens.*

Als Swami Paramananda einige Jahre später mit der Idee eines interreligiösen Treffens an ihn herantrat, sagte er dem treuen Sadhaka die volle Unterstützung zu. Paramananda solle sich bei der Organisation durch etwaige Rückschläge nicht entmutigen lassen. Ein »Parlament der Religionen« versammelte sich vom 3. bis 5. September 1953 auf dem

Swami mit Schülern aus verschiedenen Kontinenten; ein Junge aus Luxemburg bekommt eine Urkunde für gutes Praktizieren von Asanas.

Ashram-Gelände. Die Vorbereitung für die Beherbergung von zweihundert Delegierten liefen voller Enthusiasmus. Der Ashram wurde mit bunten Stoffen geschmückt, Lichtergirlanden zierten die Bäume, ein Podium und Schlafzelte wurden aufgebaut.

In der Begrüßungsansprache wies Swami Sivananda auf den gleichen Kern aller Religionen hin – die reine Gottesliebe. Alle sogenannten Unterschiede beträfen nur ihre praktische Ausübung und Rituale, das sei aber nicht von ursächlicher Natur. Grußbotschaften von einflußreichen Personen des In- und Auslandes wurden verlesen. Swami, der zuvor krank mit Hexenschuß darniederlag, hatte sich erholt und saß morgens wie nachmittags unter den Teilnehmern. Am letzten Abend leitete er die Versammlung, und es war weit nach Mitternacht, als die letzten Wortbeiträge zu Ende gingen. Ein großes Memorandum für gegenseitiges Verständnis und Toleranz wurde verfaßt und in Druck gegeben.

Der Dienst an den Kranken

Durch die Heilkraft und Liebe, die von Sivananda ausströmte, kamen viele Menschen mit ihren Krankheiten und Nöten zu ihm. Sivananda hatte im Laufe der Zeit einige Schüler angelernt, die Medikamente verteilen und leichte Behandlungen vornehmen konnten. Immer wieder halfen Ärzte aus, die für einige Zeit im Ashram weilten. Ihr Angebot zu diesem selbstlosen Einsatz kann man vielleicht als einen Ausdruck von Dankbarkeit verstehen für das, was sie in Sivanandas Nähe empfangen hatten.

Dr. Chellamma und Dr. Sivananda

Die »Medical-Group« unter den Mönchen suchte auch andere Ashrams und Mahatmas auf, um Medikamente gegen Malaria, Cholera usw. zu bringen. Sie führten auf diesen Touren auch Lebensmittel und Milch mit sich, die sie an die Bedürftigen weitergaben.

Nach der großen Indientour kam Dr. K. C. Roy aus Südindien und nahm die Arbeit in der Apotheke auf. Ein pensionierter Militärarzt stieß ebenfalls dazu. Mit Hilfe von zahlreichen Spenden konnte eine Bettenstation gebaut werden. Wichtige Instrumente und ein Röntgenapparat fanden

den Weg zum Ashram, auch ein recht teures Diathermiegerät für Wärmebehandlungen. Dies war eine Leihgabe eines Militärhospitals und leistete Sivananda gute Dienste während seiner Anfälle von Hexenschuß. Es wurde nicht zurückgefordert, und man fügte es dem Bestand eines langsam entstehenden Krankenhauses hinzu. Als 1954 noch ein klinisches Laboratorium eingerichtet wurde, konnte Sivananda auf dieses Hospital stolz sein.

Wenn Ärztinnen den Ashram zu Sadhana-Zwecken besuchten, regte Sivananda an, daß sie ein Camp für Frauenleiden durchführten. Er brachte ihnen ein neues Arbeitsverständnis, welches dem Yoga des selbstlosen Dienstes entsprang. Schon seit Anfang der fünfziger Jahre hatten jährlich »Augen-Camps« im Ashram stattgefunden. Einsatzfreudige Ärzte übernahmen die gesamte Planung und brachten Apparate, Medizin, Assistenten und Krankenschwestern mit. In einer heilsamen Atmosphäre konnten die Operationen ausgeführt werden. Über die Augenklinik, welche am Heiligabend des Jahres 1957 eröffnet wurde, schrieb Swami ein Gedicht mit dem Titel:

Geheimnis der Geheimnisse

Captain Srivastava, ohne mich je getroffen zu haben,
vermachte zwanzigtausend Rupien für eine Augenklinik.
Das ist ein großes Mysterium.
Dr. Chellamma, Augenärztin, die einen kurzen
Besuch machen wollte, verließ Familie, Reichtum
und lukrative Praxis, um die Klinik zu leiten.
Das ist in der Tat ein großes Mysterium.
Instrumente fanden ihren Weg aus der Schweiz
und von Bombay. Das ist ein weiteres Mysterium.
Eine andere große Seele gab den Zement
für den Bau des Hauses.
Das ist noch ein Mysterium.
Was ist das Geheimnis dieser Geheimnisse?
Es ist das Vertrauen auf Gott.
Wenn du Gottvertrauen hast,
kommt Hilfe zur rechten Zeit.
Das Unmögliche wird möglich.
Das ist das Mysterium der Mysterien.

Swami initiierte die überaus tüchtige Augenärztin in den Stand einer Nonne und sie trug fortan den Namen Swami Hridayananda. *Hridaya* bedeutet das spirituelle Herz, in dessen dunkler Höhle die Flamme des Selbst lodert. Die neue Augenklinik und das allgemeine Krankenhaus wurden staatlich anerkannt und bezogen Unterstützung der Regierung und des Roten Kreuzes. Obwohl Swami ein ausgebildeter allopathischer Arzt war, lud er Naturärzte ein, ihr Wissen dort zu verbreiten. Ein guter Homöopath, der mit Sivananda in Kontakt trat, entschied sich, im Ashram zu leben. Er eröffnete dort eine homöopathische Apotheke.

Erste-Hilfe-Kurs für Einheimische

Swami Vishnu Devananda beschäftigte sich intensiv mit der alten Heilweise durch Asanas und Pranayama, die er später in ausführlichen Veröffentlichungen darlegte. Eine weitere Aktivität auf dem Gebiet des Heilwesens war die Produktion ayurvedischer Präparate wie Zahnpulver, Öle, Sirup, die 1945 begann. Die kräftigen, reinen Himalayakräuter und Wurzeln verarbeitete man bei Kirtan-Gesängen weiter und die Produkte zeichneten sich durch besondere Qualität aus. Swami Sivananda war der Ansicht, daß es Gottes Wille sei, viele Heilweisen nebeneinander bestehen zu lassen. Verschiedene Menschen sprächen auf die unterschiedlichsten Methoden an.

Während der heißen Monate von Mai bis August wurden Pilger, die den Ashram besuchten, mit Medizin für die anstrengende Himalaya-Tour versehen. In diese Zeit fiel auch der Monsun, welcher die Zahl der Malariakranken stark ansteigen ließ. Da Vorsorge besser als Heilen ist, wurde Anti-Mücken-Öl verteilt und Aufklärungsarbeit geleistet. Es fanden auch regelmäßig Erste-Hilfe-Kurse im Ashram statt.

Ein weiteres Betätigungsfeld war der Dienst an den Leprakranken. Viele Ärzte behandelten die von der Gesellschaft Ausgestoßenen nicht, weil sie Angst hatten, ihre Kunden zu verlieren. Die Swamis nahmen sich der Ausgestoßenen an. Einmal im Jahr gab es neben der normalen Versorgung mit Medikamenten eine große Spendenaktion, bei der Decken und Kleidung an die Leprösen verteilt wurden. In Hyderabad hatte eine wohlhabende Schülerin Sivanandas eine große Leprakolonie errichtet, wo über tausend Patienten untergebracht werden konnten. Diese erlernten dort Berufe wie das Handweben, wodurch sie etwas zu ihrem Lebensunterhalt beitragen konnten.

Nach einem Satsang-Abend erkundigte sich Sivananda einmal bei einem Pfleger der Krankenstation nach einer Bettlägrigen. Der befragte Schüler sagte, daß er vor dem Satsang nicht mehr nach ihr geschaut habe. Zusammen suchten sie ihr Zimmer auf und Swami tat alles Notwendige für die Kranke. Beim Verlassen des Raumes erklärte er ihm: *Versetze Dich in die Position der Patientin. Das ist die beste Möglichkeit, um sicherzugehen, daß Du auch Kleinigkeiten nicht übersiehst. Fühlst Du dich als Doktor, wirst du einiges nicht berücksichtigen. Selbst als Pfleger wirst Du dies oder jenes nicht bedenken. Denke für einen Moment, Du seist selbst der Patient. Was könntest Du noch für die Nacht benötigen? Sieh zu, daß alles Nötige der Kranken zur Verfügung steht. Du mußt dich in die Kranke hineinversetzen. Das ist wirkliches Dienen. Du mußt zu einer Bettpfanne werden. Das ist das allerwichtigste, besonders im Falle von Alten wie bei dieser Frau. Es sollte Licht da sein, Streichhölzer, Wasser im Krug und ein Glas. All die Dinge sollten leicht erreichbar sein. Du solltest besonders darauf achten, daß das Bett gut gemacht ist. Selbst die kleinste Unachtsamkeit kann dazu führen, daß die Patientin auf die größte Heilkraft der Natur verzichten muß – auf den Schlaf. Flüchtiges Bettenmachen reicht nicht aus. Was für den Gesunden eine leichte Unannehmlichkeit ist, kann für den Kranken bereits ein unerträgliches Übel darstellen. Führe Dir dies stets vor Augen. Du solltest keine Möglichkeit des Dienens auslassen. Dann, und nur dann kann der selbstlose Dienst ganz zu einem Teil von Dir werden.*

Der Ashram wächst zu einem Dorf

Als die ersten Verleger mit der Bitte an Swami Sivananda herantraten, ein geeignetes Foto für ihre Publikation zu bekommen, war Sivananda nicht abgeneigt, ihnen entgegenzukommen. Sie hatten ihre Vorstellungen je nach dem Geschmack der in Frage kommenden Leserschaft, und sie übernahmen auch die Kosten des Fotostudios. Sivananda ging es darum, daß die Bücher erst eimal gekauft und gelesen werden sollten. So machte er sich seit 1930 einige Male mit einem Bündel von Utensilien auf den Weg zum Fotografen in Haridwar. Gestellte Bilder mit großem Stab, Gebetskette und Aschezeichen, mit typischem Wassergefäß der Sadhus oder auf einem Tigerfell sitzend, entstanden dort.

Bald kaufte Paramanandaji für drei Rupien eine »Box«, und das Leben im entstehenden Ashram konnte dokumentiert werden. Sivananda sah es nicht ungern, wenn er fotografiert wurde. Ihm war es ein wichtiges Anliegen, daß es im Ashram natürlich, keinesfalls gezwungen zuging. Die Natürlichkeit im Umgang mit den Dingen sollte stets gewahrt bleiben. Er begrüßte es, wenn Schüler über das Anschauen seiner Fotos Kontakt zu ihm hielten. Swami hatte nichts dagegen, wenn Verehrer ihn um ein Foto mit ihnen selbst und ihren teilweise recht ausgefallenen Geschenken baten. So gibt es beispielsweise eine Menge von Aufnahmen mit verschiedensten Kopfbedeckungen. Etwas von seiner früheren Vorliebe für exotische Dinge oder Kleider schien für kurze Momente wieder ans Tageslicht zu kommen. Er ließ sich zu bestimmten Anlässen wie eine lebende *Murti* behandeln, eine Götterikone, die schmuck- und blumenbehängt in den Tempeln verehrt wird.

Zu Beginn der vierziger Jahre schenkte ein Radscha dem Ashram eine Filmkamera, und Swamis drehten die ersten Unterrichtsfilme über Yoga. Kopien wurden an Zweige des In- und Auslands geschickt, und Schüler, die nicht die Möglichkeiten einer weiten Reise hatten, erfreuten sich an den Filmen, die auch über weitere Aktivitäten des Ashrams informierten. 1949 bekam der Ashram ein eigenes Fotostudio. Der Leiter war der spätere Swami Sharadananda, der schnell zu einem Experten in Sachen Fotografie herangereift war. In der Dunkelkammer entstanden überlebensgroße Bilder von Swami Sivananda, die unter anderem in der Bibliothek oder im Krankenhaus aufgestellt wurden. Weitere fanden den Weg zu den einzelnen Zweigen in und außerhalb Indiens.

Für Swami Paramandas Idee der »Sivananda-Regalia« war die Arbeit des Fotografen eine große Hilfe. Dies war ein großer Raum über der Poststelle, wo Sivanandas Leben dokumentiert wurde. Seine Bücher, Manuskripte sowie Fotos und Gegenstände von Stationen seines bewegten Lebens wurden für den Strom der Besucher ausgestellt. In der »Yoga Vedanta Forest University«, die 1958 wegen der häufigen Mißverständnisse um ihren Namen in eine »Akademie« umbenannt wurde, richtete man ein Yoga-Museum ein. Es sollte den Sadhakas, besonders den westlichen Schülern einen Einblick in die recht verzweigten Yoga-Systeme ermöglichen.

Swami Sivananda mit seiner »Familie« um 1955

Im Laufe der Zeit hatten sich durch die vielen Aktivitäten der Gesellschaft in der Nähe auch Händler und Geschäftsleute niedergelassen. Ein richtiges Dorf war zusammengewachsen, wobei alle Bewohner in irgendeiner Weise mit dem Ashram in Verbindung standen. Ein Zeichen dafür war »Sivananda-Vani«, eine kleine Radio-Station für die Dorfbewohner. Gesendet wurde zwischen vier und fünf Uhr in der Frühe, mittags von eins bis zwei Uhr und von sechs bis sieben Uhr über große Lautsprecher auf dem Hügel.

Viele Kinder des Dorfes besuchten die Grundschule des Ashrams, welche 1943 den Unterricht aufgenommen hatte. Auf seinen Rundgängen durch das Ashram-Gelände am Fluß und auf dem Hügel zog es Sivananda immer wieder zu den Kindern, und manchmal fand er Zeit, ihnen ein neues Lied beizubringen.

Eine weitere Schule war die »Sarasvati Sanskrit Vidyalaya«. Hier lernten Schüler die uralte Sprache, durch welche die Schau der *Rishis* in Worte gefaßt wurde. Das Wort Sanskrit bedeutet: das, was verfeinert, veredelt oder kultiviert wird. Aus dem Urklang des Om entfalteten sich Laute und Klangschwingungen, welche sich in den Sehern der alten Zeit verdichteten und Gestalt annahmen. Diese Hymnen oder *Shrutis*, noch mehr Gesang als Sprache, wurden lange mündlich weitergereicht, bevor sie aufgeschrieben wurden. Sie waren die Hauptnahrungsquelle für das Seelenleben der damaligen Menschen. Bei ihnen war noch ein stärkeres Empfinden für die außerirdische Welt vorhanden, welches nach und nach vom intellektuellen Denken überlagert wurde. Das Bewußtsein des Menschen senkte sich langsam und stetig in die Körperlichkeit hinein.

Swami empfahl seinen Schülern das Studium des Sanskrit, um das Empfinden für die Kraft und Auswirkungen von Sprache und Gesang nicht zu verlieren. Jedes gesprochene Wort sende seine Schwingung in die Umwelt und verwebe sich auf subtile Weise mit der Fülle anderer Geschehnisse.

1955 wurde offiziell das »Ananda Nada Mandir« eingeweiht. In diesem »Tempel des glückseligen Urklangs« wurde Musik unterrichtet. Unermüdlich bat Sivananda Gäste, die Instrumente beherrschten, ihr Wissen und Können weiterzugeben. Die Musik-Swamis des Ashrams gaben regelmäßig Unterricht auf der *Vina,* dem großen alten Saiteninstrument, auf *Tablas* und Quertrommeln. Mit Hilfe des obertonreichen Klangteppichs der *Tanpura* wurde gelernt, sich in den Gesang des Namen Gottes zu vertiefen.

Swami Nadabrahmananda, der Leiter dieser Schule, war zuvor bereits ein berühmter Sänger, Professor und Hofmusikant des Maharadschas von Mysore gewesen. Er beherrschte viele Instrumente, die auch bei Satsang-Abenden zum Einsatz kamen. Er ging später nach Amerika, wo er eine große Schülerschaft um sich versammelte.

Der Ashram war im Laufe der Zeit zu einer prächtigen Pflanze herangewachsen, und die vielen Knospen hatten sich zu leuchtenden Blüten entfaltet. Zu Ostern und Weihnachten fanden besondere Sadhana-Wochen statt. In Artikeln wurde dazu eingeladen und vorbereitet. Die Gäste sollten während dieser Zeit die weltlichen Genüsse hinter sich lassen und sich ganz der inneren Realität zuwenden. Swami achtete besonders darauf, daß die Teilnehmer zur Morgenmeditation um vier Uhr erschienen. Er beauftragte Schüler, die Gäste zu wecken. Zuvor hatte er diese über die Kunst des Weckens aufgeklärt: *Ruft nicht laut. Es würde einen ungewünschten Schock für das Nervensystem bedeuten. Zuerst laßt ein zartes Om ertönen. Wartet. Wenn die Person nicht aufwacht, laßt den*

Ton etwas ansteigen. Seid nicht ungeduldig. Wenn eine Reaktion kommt, wartet noch etwas. Seht zu, daß die Person wirklich aufsteht. Manchmal schläft sie doch wieder ein. Glaubt nicht, das sei Zeitverschwendung: Es ist ein wunderbarer Dienst am Werk des Herrn, höher als Meditation. Ihr beteiligt euch an der spirituellen Entwicklung einer gütigen Seele.

Swami nahm sich für diese Camps besonders viel Zeit, hielt Einführungsvorträge, demonstrierte selbst die wichtigsten Asanas wie Kopf- und Schulterstand und erklärte Pranayama-Übungen. Die Tage waren ganz ausgefüllt mit verschiedenen Tätigkeiten. Einen Teil nahm Karma-Yoga ein. Sivananda bewegte höhergestellte Persönlichkeiten zu ein-fachsten Arbeiten, indem er selbst zum Besen griff und begann, die Straße über dem Ufer der Ganga zu fegen und den Dung der Kühe mit den Händen in einen Eimer zu befördern. Sarvam Khalv Idam Brahman – Alles ist in der Tat Brahman. Die Botschaft, daß es nichts wirklich Schmutziges oder Abstoßendes gibt, legte er den Teilnehmern ans Herz.

Swami war gegenüber neuen Erfindungen stets aufgeschlossen und be-nutzte alle möglichen Medien, Wissen zu verbreiten. Bereits 1940 wurde in Kalkutta eine Schallplatte seiner englischen Kirtan-Gesänge aufge-nommen. Später ging er in Bombay ins Studio, wo auch Vorträge für Plattenaufnahmen mitgeschnitten wurden. Gegen Ende der fünfziger Jahre schenkte ein Gönner dem Ashram ein Tonbandgerät und so konn-ten viele Ansprachen aufgezeichnet werden.

Swami Sivananda und der Westen

Schon vor dem zweiten Weltkrieg wurden in Ostasien, Südafrika und Europa Zweige der »Divine Life Society« gegründet. Sivanandas Bücher sprachen die Menschen des Westens ebenso an wie die des Ostens. Als die große, von Menschen ausgelöste Katastrophe über Europa und weite Teile der Welt ausbrach, schrieb Sivananda viele Briefe, um seinen dortigen treuen Schülern eine Stütze zu sein. Hier ein Brief nach Deutschland: *Die Schwäche und die Grausamkeiten, von denen Europa zur Zeit heimgesucht wird, haben andere Nationen zu anderen Zeiten ebenfalls durchmachen müssen. Diese Übel können nicht durch Revolutionen oder Organisationen einiger weniger geheilt werden. Keine Verträge, Erklärungen oder Konstitutionen können über Nacht eine Welt der Harmonie, des Friedens und Überflusses bringen. Das Wohl der Welt hängt vom Wohl der Individuen ab, eine vollkommene Welt kann nur durch individuelle Vervollkommnung erreicht werden. Nur eine Generation von Gautama Buddhas, Jesus Christus und Vivekanandas kann den Traum einer perfekten Welt zustande bringen. Und diese Welt des vollendeten Menschen ist möglich. Das qualvolle Ringen von heute ist die große Dunkelheit vor der Dämmerung. Es ist eine notwendige Schulung, die Generationen durchschreiten müssen, um die Nutzlosigkeit ihres Strebens, die Leere ihrer Erfolge, das Beschränkte ihres gewonnenen*

Lebensstandards und den Gram hinter ihrer Fröhlichkeit zu erfahren. Der allseits gnädige Herr offenbart nur seine Güte durch diese extreme Form, um uns schnell durch diese grauenhafte Periode der Geschichte zu schleusen. Wenn wir durch schmerzvolle Ereignisse zum Weinen gebracht werden, kann das Tierische in uns um so leichter und schneller für immer weichen. Verzweifeln Sie niemals. Wenn Hoffnungslosigkeit sich ins Herz hineinschleicht, ist das ein

Zeichen dafür, daß die Flamme des Glaubens ausgeblasen wurde. Durch Geduld, Glauben und Hinwendung an das Religiöse können Sie ihr Herz von allen Schwächen und Leidenschaften befreien.

Nach dem Krieg fanden auch Schüler aus Amerika nach Rishikesh, und Swami erhielt Einladungen, ihre Länder zu besuchen. In den fünfziger

123

Jahren wurde eine Welt-Tour ins Auge gefaßt, jedoch kam sie nicht zustande. Sivananda glaubte, daß es wichtiger sei, durch Bücher und Magazine die Menschen zu informieren. Wenn er ständig unterwegs sei, könne er zwar vielen Menschen kurzfristig eine Hilfe sein, jedoch würde die Wirkung bald verblassen.

Ihm bliebe dann kaum Zeit für weitere Veröffentlichungen. Ein anderer Grund gegen eine Welt-Tour war seine angeschlagene Gesundheit zu der Zeit. Die Zentren außerhalb Indiens baten um Unterstützung durch Swamis Schüler. So kam es, daß einige den Ashram verließen. Swami Satchidananda ging nach Sri Lanka und dreizehn Jahre später in die USA, wo er einen Ashram gründete. Swami Vishnu Devananda organisierte internationale Yogalehrer-Ausbildungen in Kanada. Swami Chidananda besuchte 1959 viele Zentren in Amerika und Europa. Bald danach bereiste er auch den fernen Osten. Swami Venkatesananda kümmerte sich um die Zweige in Australien und blieb drei Jahre in Südafrika, wo sein großer Einsatz auf fruchtbaren Boden fiel.

Sivananda initiierte daheim auch westliche Schüler in den Stand des Sannyasin. Seine Sichtweise über das mönchische Leben war religionsübergreifend. Unter ihnen befand sich Sivananda-Radha, eine Tänzerin, die in kurzer Zeit den klassischen südindischen *Bharat-Natyam*-Stil erlernte. Zurück in Kanada eröffnete sie einen Ashram und schrieb mehrere Bücher über ihre Erfahrungen.

In vielen Haupt- und Großstädten des Westens entstanden aufgrund der Initiative seiner Schüler Yoga-Zentren, welche die Lehren Sivanandas aufgriffen. Für ihn waren diese Angebote kein Widerspruch oder Konkurrenz zum Christentum. Auf die Frage, was einem Christen helfen würde, seine Religion in der Tiefe zu erfassen, antwortete er: *Lernen Sie die Persönlichkeit des Jesus kennen. Leben Sie alle Zeit mit Ihm. Haben Sie Ihn immer neben sich. Stoßen Sie Ihn mit dem Ellbogen an, wenn Sie Rat brauchen:* »*Was würdest Du in diesem Fall tun?*« *Lesen Sie täglich in den Evangelien, damit Er für Sie Realität wird, nicht nur eine historische Person. Er ist Ihnen näher als Ihr eigener Atem. Das Reich Gottes ist in Ihnen. Das Verstehen kommt von innen, aus dem Herzen. Dies ist wichtiger als der Intellekt, der oft eine Gotteserfahrung verhindern kann. Zu Beginn des geistigen Lebens suchen wir Gott außen, wir halten Ausschau nach* »*dem Anderen*«, *nach* »*dem Geliebten*«, *möchten uns Ihm ergeben. Erst später denken wir an Ihn als denje-*

nigen, »der ist«. Schauen Sie nach innen. Lassen Sie dem Gedankenleben freien Lauf. Begeben Sie sich in den Schrein Ihres geistigen Herzens.

Swami sprach des öfteren darüber, welche Richtung die allgemeine Anschauung der Menschen über das Leben nehmen würde und daß besonders die neuen Errungenschaften des Westens eine konsumorientierte Massengesellschaft zutage brächte. Ein immer stärker werdendes Konkurrenzdenken und das Wichtignehmen der eigenen Person würden das eigentliche Ziel des Menschen überdecken und in weite Ferne rücken. Auch die Frauen, die durch die Funktion als Mutter gesegnet und stärker mit der wahren gottdurchtränkten Realität verbunden seien, würden im Zuge des immer mächtiger werdenden modernen Zeitgeistes ihr Ziel verkennen: *Die Frau des Westens hat ein neues Kapitel in ihrem Leben geöffnet. Sie ist geblendet von der schillernden Behendigkeit des neuen Zeitalters. Sie mag ihre Pflichten im Haushalt nicht mehr. Sie ist stolz über die Arbeit, die sie verrichtet. Sie lobt sich dafür, daß sie die Arbeit des Mannes übernimmt und sie dadurch verringert. Nach und nach hat sie dessen Hosen angezogen. Sie hat ihre Rechte durchgesetzt und die vier Wände ihres Hauses durchbrochen. Sie arbeitet in Bereichen des Militärs und der Industrie. Sie denkt, daß sie ein prächtiges Leben führt. Aber das ist nicht so. Sie ist nicht wirklich zufrieden und glücklich.*

Wenn die Frau Lohnarbeiter wird, wenn sie sich aus dem Hause zurückzieht, wird das Ergebnis katastrophal sein. Die häusliche Disziplin und Ordnung wird unterwandert, und es kommt zum Zerfall der sozialen Funktion von Familie. Kinder wachsen ohne Beachtung und wahrer Bildung auf. Die Frau ist bereits mit heilbringender Kraft ausgestattet. Sie regiert bereits die ganze Welt durch die Macht ihrer Liebe und inneren Anteilnahme.

Der lachende »Siva«

Swami liebte den Humor, und er hatte die seltene Gabe, dunkle Gesichter binnen kürzester Zeit aufzuheitern. Eines Wintertages hatte er die Idee, nachdem er einige »Rhizinusöl-Gesichter« wahrgenommen hatte, einen Lachwettbewerb zu starten. Er bat Swami Venkatesananda zum Bade-Ghat zu kommen. Der Fotograf wurde gerufen und zwei Sessel und ein Tisch zwischen Straße und Ufer aufgestellt. Beide setzten sich, bekleidet mit Mänteln und Schals. *Gut, also lachen wir.* Er erzählte einen Witz und schon begann ein schallendes Gelächter. Sie lachten und lachten. Das schnell zusammengelaufene Publikum hatte seine Freude, ohne zu wissen, um was es eigentlich ging.

Swami Venkatesananda und sein Lehrer

Swami verlor niemals sein Lachen. Seit dem fünfunddreißigsten Lebensjahr war er zuckerkrank. Später hatte er immer wieder starken Hexenschuß. Einmal bekam er Typhus und mußte drei Wochen im Bett bleiben. Sein Zustand war zeitweise sehr kritisch. Als Sivananda sich etwas erholt hatte, äußerte er den Wunsch, die Sonne und die Ganga zu sehen. Auf einem großen Lehnstuhl wurde er nach draußen gebracht. Er war guter Dinge, lachte und scherzte mit den Besuchern. Nach einer Stunde sagte er: *Gut, gut. Laßt mich wieder zu Bett gehen. Wartet. Ich versuche, von selbst auf die Beine zu kommen.* Er stellte die Beine auf den Boden, hielt sich an den Lehnen fest und stemmte sich hoch. Jedoch, er war zu schwach und fiel zurück auf die Kissen. Sivananda begann zu lachen und sagte: *Hm, die Beine haben ihre Kraft verloren.*

An seinem Verhalten gegenüber dem Körper läßt sich ablesen, daß er Krankheiten keine Wichtigkeit beimaß und ihnen in gewisser Weise völlig neutral gegenüberstand. Wenn es nötig war, nahm er Tabletten oder sonstige Medikamente ein und überließ das Gebrechen sich selbst. Im Winter, wenn es unten an der Ganga sehr kalt werden konnte, lief er in seinem dicken Mantel herum, den ihm ein westlicher Gast einmal mitgebracht hatte. Er schütze ihn gut vor Hexenschuß.

Im Sommer ging er gern schwimmen. Nach dem Bad ölte er den ganzen Körper und seinen Kopf ein. Beim anschließenden Sonnenbad beteiligte er auch die Zunge und die Zähne. Seltsame Grimassen schneidend saß er am Ufer und hielt Zwiesprache mit der Sonne. Swamis Dauerläufe bis ins hohe Alter amüsierten einige Besucher und berührten von innen her die Ashram-Bewohner und viele Schüler. Sie ahnten, welche Überwindungskraft am Werk sein mußte, um diesen Körper einigermaßen gesund zu erhalten. Er nahm die Nöte und Sorgen vieler Menschen in sich auf, weil sein tiefes Mitgefühl ihn dazu aufforderte.

Die Sivananda-Säule

Swami Sivananda wurde bereits zu seinen Lebzeiten höchste Verehrung zuteil. Er verwehrte es den Menschen, die oftmals eine weite Reise auf sich genommen hatten, nicht, ihren Lobpreis der transzendenten Wirklichkeit in ihm kundzutun. Die allermeisten Besucher empfanden die innere Gewißheit, daß hier ein Mensch zugegen war, der ganz dem Willen Gottes verpflichtet war. Minister, hohe Regierungsbeamte vieler Bundesländer der Indischen Union und selbst der hoch angesehene Philosoph und Staatspräsident Sarvapalli Radhakrishnan erwiesen ihm die Ehre. So war es nur natürlich, daß seine engsten Begleiter und Schüler ihm und seinem notwendigen Anliegen für die Menschheit ein Denkmal errichten wollten. Man entschied sich für einen Marmor-Obelisken mit einem stufenförmigen Sockel, der 1958 zwischen Bhajan-Halle und Tempel errichtet wurde. In die langen Seitenflächen wurden bedeutende Texte Swamijis eingraviert wie das *Allumfassende Gebet, Zwanzig*

Anweisungen und die *Hauptlehrsätze der Weltreligionen.* In die vierte Marmorseite wurde eine kurzgefaßte Lebensübersicht Sivanandas mit einer Würdigung seiner Schüler hineingemeißelt. Ihr Text lautet:

Sri Swami Sivananda

willkommen geheißen als der Prophet des neuen Zeitalters
wurde für seinen unschätzbaren Dienst um das Bemühen
der Aufrichtung von Moral und Spiritualität der heutigen Menschheit
am 8. September 1887 in Pattamadai, Südindien geboren;
ergriff den Beruf des Mediziners, Herausgeber des
medizinischen Journals »Ambrosia«;
diente zehn Jahre als Doktor in Malaya;
ließ das weltliche Leben 1923 hinter sich;
trat 1924 in den heiligen Stand des Sannyasa ein;
gründete nach zwölf Jahren intensiver geistiger Übungen 1936 die
»Gesellschaft des Göttlichen Lebens«;
die »Vereinigung der Weltreligionen« im Jahre 1945;
die »Yoga Vedanta Wald Universität« im Jahre 1948.
Die »Gesellschaft des Göttlichen Lebens« hat Zweige und Mitglieder in
der ganzen Welt. Sie gehören allen Religionen und Nationalitäten an.
Swami Sivananda hat mehr als dreihundert Bücher über Yoga und
Vedanta, Gesundheit und Heilen geschrieben.
Er begab sich im Jahre 1950 auf eine Rundreise durch Indien und
Ceylon und löste eine Woge von Spiritualität aus.
Ein Erwachen, das durch das ganze Land ging.
Er rief 1953 ein Parlament der Weltreligionen ein, an welchem
Delegationen aus der ganzen Welt teilnahmen.
Sein anfeuerndes, dem Göttlichen gewidmetes Leben hat zu einer
Wiederbelebung der altindischen spirituellen Gesetze und Ideale
geführt und sorgte dafür, daß die vibrierende
Botschaft Indiens in allen Teilen der heutigen Welt bekannt wurde.
Unsere Hingabe und Ehrerweisung an Swami Sivananda,
den Weltenlehrer.
Diese obige Beschreibung dient als ein Zeichen der Ehrerbietung, der
unendlichen Dankbarkeit und ewigen Liebe gegenüber dem geliebten
Meister Sivananda, den gesegneten Heiligen von Ananda Kutir.

Die Schüler Sivanandas

Die drei anderen Schlüsseltexte befinden sich im zweiten Teil des Buches. Auf den unteren Tafeln liest man Sivanandas Botschaft in kurz gefaßten, englischen Ratschlägen zur Verwirklichung des Selbst. Sie laden ein, sich immer wieder mit den einfachen, eigentlich so einleuchtenden Grundlagen des Menschseins zu beschäftigen: *Be good – do good. Sei gut – tue Gutes.*

Geht man, wie bei der Umschreitung aller indischen Tempel, links um die Säule, erscheint auf der nächsten Tafel: *Seek – Find – Enter – Rest in God. Suche – Finde – Tritt ein – Verweile in Gott.*

Mit Blickrichtung zur Ganga ist in den Stein graviert: *Be kind – Be compassionate. Sei zuvorkommend – Sei mitfühlend.*

Vom Tempelaufgang her schauend liest man: *Serve – Love – Meditate – Realise. Diene – Liebe – Meditiere – Verwirkliche.*

Das geistige Tagebuch

Den größten Dienst, welchen ich der Menschheit erweisen kann, ist das Erziehen und Formen der nach Wahrheit Strebenden. Jeder Yoga-Schüler wird ein eigenes Zentrum der Spiritualität, wenn seine Seele gereinigt und geläutert ist. Er wird durch seine gewonnene Strahlkraft wiederum Tausende von jungen Seelen anziehen, verwandeln und mit neuem Leben erfüllen.

Auf welche Weise dieses Formen und Erziehen seinen Weg nehmen sollte, hat Swami Sivananda in dem Buch Erfolg im Leben und Selbstverwirklichung, das gegen Ende des zweiten Weltkrieges erschienen war, dargestellt. Den Lesern gefiel die ganz praktische Herangehensweise zur Selbsterziehung und sie empfahlen das Buch häufig weiter, so daß es eines der meistgelesenen Werke Sivanandas wurde. Über die Qualitäten und Vorteile eines Tagebuches berichtet er in der Einführung des sehr ausführlichen Kapitels:

Das Führen eines täglichen spirituellen Tagebuches ist eine unverzichtbare Notwendigkeit und von höchster Bedeutung. Diejenigen, welche es sich schon zu eigen gemacht haben, kennen seine unschätzbaren Vorteile. Es ist euer Lehrer und Führer. Wer den Wunsch hat, in geistiger und moralischer Hinsicht zu wachsen, wer schnell vorankommen möchte, sollte täglich eine Bestandsaufnahme seiner Handlungen machen. Mahatma Gandhi wies seine Schüler immer wieder darauf hin, ihr Tagebuch zu führen. Ich achte bei meinen Schülern auch immer darauf.

Alle großen Persönlichkeiten der Welt führen Tagebücher. Das Leben Benjamin Franklins ist euch allen bekannt. Er führte täglich ein Tagebuch, in dem er die Unwahrheiten und Fehlverhalten niederschrieb, die ihm im Laufe des Tages widerfuhren. Mit der Zeit wurde er ein perfekter Mensch. Er beherrschte in vollkommener Weise seine Gedanken.

Ein großer Dieb hält sich in eurem Gehirn versteckt. Er hält eure Perle – das Selbst – in Schach. Er bereitet euch gewaltige Sorgen und Schwierigkeiten. Er führt euch hinters Licht. Dieser Dieb ist eure Art und Weise zu denken. Seid nicht zu mild mit ihm. Vernichtet ihn. Tötet ihn ohne Erbarmen. Kein Schwert ist schärfer, ihn auszulöschen als dieses Tagebuch. Es erkennt seine süßen Verführungen und vernichtet ihn letztendlich. Eure täglichen Fehler werden korrigiert. Eine gute Zeit wird kommen, in der ihr völlig frei von Ärger, Unaufrichtigkeit und Begierden sein werdet.

Vater und Mutter gaben euch diesen Körper. Sie gaben euch Essen und Kleidung. Aber dieses Tagebuch steht für euch noch höher als die Eltern. Es öffnet das Tor zu Freiheit und ewiger Seligkeit. Es ist euer geistiger Lehrer. Es öffnet euch die Augen. Es gibt euch Trost, Freude und Zufriedenheit. Betrachtet die

Spiritual Diary

The Spiritual Diary is a whip for goading the mind towards righteousness and God. If you regularly maintain this diary you will get solace, peace of mind and you will make quick progress in the spiritual path. Maintain a daily diary and realise the marvellous results.

Month: **Dates**

Questions							
1. When did you get up from bed?							
2. How many hours did you sleep?							
3. How many malas of japa did you do?							
4. How long in kirtan?							
5. How many pranayamas did you do?							
6. How long did you perform yoga asanas?							
7. How many verses of the Gita did you read?							
8. How long did you spend in the company of the wise (satsanga)?							
9. How long did you meditate in one asana?							
10. How many hours did you give in charity?							
11. How long in unselfish service?							
12. How much did you give in charity?							
13. How many mantras did you write?							
14. How long did you practice physical exercise?							
15. How many lies did you tell, and with what self-punishment?							
16. How many times and how long of anger, and with what self-punishment?							
17. How many hours did you spend in useless company?							
18. How many times did you fail in brahmacharya (celibacy)?							
19. How long in the study of religious books?							
20. How many times did you fail in the control of evil habits, and with what self-punishment?							
21. How long did you concentrate on your Ishta Devata, abstract or concrete meditation?							
22. How many days did you observe fast and vigil?							
23. Were you regular in your meditation?							
24. What virtue are you developing?							
25. What evil quality are you trying to eradicate?							
26. Which sense-organ is troubling you most?							
27. When did you go to bed?							

Name _____

Address _____

_____

Signature _____

131

Seiten eures Tagebuches einmal in der Woche sorgfältig. Wenn ihr euch jede Stunde eurer Handlungen gewahr werdet, macht ihr sehr schnell große Fortschritte. Glücklich ist der Mensch, der täglich Tagebuch führt, denn er ist Gott sehr nahe. Er hat einen starken Willen und ist frei von Schwächen und Fehlern. Es gibt keinen besseren Freund und treueren Führer als das Tagebuch. Es wird euch den Wert der Zeit lehren. Ihr müßt den Fortschritt von Woche zu Woche vergleichen. Wenn euch dies nicht möglich ist, müßt ihr es auf jeden Fall von Monat zu Monat tun.

Aus dieser ermunternden Aufforderung geht hervor, wie sehr Sivananda den Fortschritt der Schüler wünschte. Er sah, daß viele der hauptsächlich indischen Sadhakas, die über das weite Land verstreut lebten und durch die Zweigstellen mit ihm in Verbindung standen, große Schwierigkeiten hatten, den Tag sinnvoll zu strukturieren. Um ihnen diesbezüglich zu helfen, entwarf er ein Formblatt mit sechsundzwanzig Kontrollfragen zum Tagesablauf für den jeweiligen Zeitraum für eine Woche. Am Ende der sieben Tage sollte auf diese Weise die Rückschau und die Einschätzung über Fort- und Rückschritte im Sadhana erleichtert werden.

Wem die Lebensweise und Mentalität der Südasiaten ein wenig vertraut ist, der weiß, daß sie das Leben viel stärker von der Herzensseite wahrnehmen als die Menschen des Abendlandes. Ihre Empfindungskraft ist in der Regel sehr fein ausgeprägt und gleicht noch ein wenig der eines Kindes. Die Tugend der Verehrung ist besonders auf dem Lande noch tief in den Menschen verwurzelt. Sie können die Gegebenheiten leichter akzeptieren. Dagegen hat sich die Individualität im allgemeinen noch nicht so sehr herausgearbeitet. So stellte das hier abgedruckte Formblatt wohl für viele Inder eine große Hilfe dar. Das Grundlagenwissen zu den Fragen hat Sivananda in dem Kapitel des gleichen Buches erläutert. Die Hintergründe können ebenfalls anhand der großen, alphabetisch geordneten Themenzusammenstellung wichtiger Aufsätze mit dem Namen Bliss Divine erarbeitet werden. Das Formblatt wurde von vielen Sadhakas ausgefüllt. Es bestand die Möglichkeit, diese zu sammeln und sie direkt zu Swami Sivananda nach Rishikesh zu senden. Er nahm darauf Bezug und erteilte wertvolle persönliche Ratschläge.

Die letzten Tage

Gute Beobachter des Geschehens im Ashram konnten hier und da Zeichen wahrnehmen, daß Swami Sivananda sich bereitmachte für den Übergang in die andere Welt. Er hatte seinen Schülern schon einige Jahre zuvor gezeigt, daß das Dahinscheiden des Körpers eine ganz normale Sache ist. Swami Vishnu Devananda und einige andere Devotees hatten damals neben dem Tempel das »Sivananda Mandir« erbaut, dessen Zentrum der *Mahasamadhi*-Schrein sein würde. Während der Bauarbeiten probierte Swami dessen Größe aus, indem er sich dort in der *Lotos*-Position niederließ. Er mußte feststellen, daß sie für seinen mächtigen Körper zu klein war.

Zu Beginn des Jahres 1963 kündigte Sivananda an, daß er alle Bewerber auf Initiation beim kommenden *Sivaratri*-Fest einweihen würde. Im April wurden verschiedene Sparmaßnahmen durchgeführt, und innerhalb eines Monats war der Schuldenberg um einiges gesunken. Swami schrieb zu dieser Zeit besonders viele Artikel für Zeitungen.

Im Mai begann er nach der Arbeit im Büro mit Tonbandaufzeichnungen aus seinen Werken. Während er las, verließen ihn manchmal die Kräfte, und er mußte Pausen einlegen, um sich zu erholen. Mitte Juni, als ein Swami mit der Unterschriftenmappe kam, sagte Sivananda: *Das Augenlicht verdunkelt sich. Hiernach kann ich nicht mehr unterschreiben.*

Am 21. Juni, nachdem er das Büro verlassen hatte, sagte er zu Begleitern: *Oh, das Viman ist unterwegs von Brahmaloka. Wer von Euch kommt mit?* Einer ging auf den Scherz mit dem Götterfahrzeug zum höchsten Himmel ein, andere schwiegen betroffen. Als Swami seine Kutir erreichte, machte sich in der Hüftgegend ein starker Schmerz bemerkbar. Trotz Wärmebehandlung konnte Sivananda nicht am Satsang teilnehmen. Am nächsten Tag ging er nicht ins Büro. Er erledigte die Korrespondenz vom Bett aus. In der Nacht wurden die Schmerzen stärker. Ein Doktor untersuchte ihn am nächsten Tag und empfahl strenge Bettruhe. Sivananda konnte sich jedoch kaum daran halten. Am nächsten Morgen setzte er seine Tonbandlesungen fort und diktierte einem Swami Aphorismen zu seinem letzten Werk: Das Göttliche Elixier. Nach dem Satz: *Glückseligkeit tritt ein, wenn das Individuelle mit Gott verschmilzt* entstand eine längere Pause.

Drei Minuten später fragte der Schreiber vorsichtig, ob Swami das Diktat noch fortsetzen wolle. *Porum* war seine Antwort. Es ist ein Wort aus seiner tamilischen Muttersprache und bedeutet »genug«.

In der Nacht zum 24. Juni trat die Lähmung eines Beines ein. Trotz dieser Beeinträchtigung wagte er sich am nächsten Tag auf die Terrasse und empfing Gäste. Der Arzt des Staatspräsidenten aus Delhi kam und untersuchte Swami. Auf die Frage, wie es ihm gehe, antwortete Sivananda: *Danke, mir geht es sehr gut.* Im Rollstuhl, den er schon aus Zeiten von schwerem Hexenschuß kannte, wurde er hinausgefahren, um den Menschen zu begegnen, die ihn sehen wollten. Sein Körper verweigerte sich jedoch mehr und mehr. Bald konnte er kaum noch schlucken. Tabletten mußten pulverisiert und mit Honig vermischt werden, damit er sie einnehmen konnte. Am *Guru-Purnima*-Tag, dem Vollmond des Juli, der den spirituellen Lehrern gewidmet ist, war er zu schwach, um Devotees empfangen zu können. Vom 8. Juli an zeigte sich Sivananda etwas erholt, verbrachte täglich einige Zeit auf der Terrasse und schaute auf den Fluß. Einem Besucher konnte er sogar vier Wörter auf ein Blatt schreiben: *Serve – Love – Meditate – Realise.*

Die Nacht zum 13. Juli verbrachte Swami damit, das Om mit dem Finger auf seinen Oberschenkel zu schreiben. Sein Pfleger richtete immer wieder das Bett zurecht, wenn die Decke heruntergefallen war. Swami Sivananda jedoch schrieb unentwegt weiter. Am folgenden Tag blieb er nur zehn Minuten draußen und schaute intensiv auf den Fluß. Dann bat

er, hineingefahren zu werden. Am Abend wurde sein Körper mit Hilfe eines elektrischen Massagegerätes, das wohl aus Delhi mitgebracht worden war, ausgiebig massiert. Sivananda ließ es über sich ergehen, bat aber darum, das Gesicht zu verschonen. Auf das Antriebsgeräusch kommentierend, vernahm man seine Stimme: *Hören Sie? Ein Frosch quakt.* Die Gesichter der besorgten Pfleger heiterten sich etwas auf.

Am Sonntag, den 14. Juli wurde Swami Sivananda wieder untersucht. Dem Arzt, der seine Reflexe prüfte, sagte er: *Doktoren sind grausam.* Der erwiderte: »Was kann man machen? Es ist unsere Pflicht. Bald wird es

Ihnen besser gehen.« *Ja, es muß so sein. Ich habe viel zu tun.* Einige Zeit später bekam Sivananda Schüttelfrost und Fieber. Der Atem ging schwer. Am frühen Nachmittag ließ er sich drei Löffel Kakaopulver mit Malz und Zucker geben und bat um ein Glas Wasser aus der Ganga. Obwohl er zuvor kaum etwas schlucken konnte, trank er das Glas ohne sichtbare Schwierigkeiten halb leer und drehte sich auf die Seite.

Gegen 23.15 Uhr bemerkte einer von den engen Vertrauten, die am Bett Wache hielten, daß sein Herz aufgehört hatte zu schlagen. Das Gefäß mit dem Namen Kuppuswamy Sivananda Sarasvati war zerbrochen. Die große Seele, welche es sechsundsiebzig Jahre beherbergen durfte, hatte sich endgültig aufgeschwungen zu den Sphären jenseits aller Materie.

Die Ashram-Bewohner wollten die Nachricht vom Dahinscheiden ihres geliebten Lehrers kaum wahrhaben und viele waren wie betäubt. Trotz des Schmerzes galt es zu handeln. Telegramme und Telefonate verbreiteten die Nachricht schnell in alle Himmelsrichtungen. Der Körper wurde im Vorraum seines Hauses in die Lotos-Position gebracht und die offenen Hände in den Schoß gelegt. Sanft stimmte jemand unter den Versammelten das Maha-Mantra an, und die einzelnen Schüler, welche nach und nach aus den verschiedenen Teilen des Ashrams herbeigeeilt waren, verbeugten sich vor ihrem geliebten Lehrer.

Am nächsten Morgen verkündeten Radio und Zeitungen die Nachricht. Ein Strom von Besuchern kam in den Ashram, um Abschied zu nehmen von dem Heiligen, welcher Rishikesh erneut unter den Orten Indiens erhoben hatte. Swamis Hülle war am frühen Morgen gewaschen und mit weißen neuen Kleidern versehen worden. Ein *Tilak,* der Punkt zwischen den Augenbrauen und viele Blumengirlanden zierten diese majestätische Hülle.

Die Reihen von Verehrern, die auf den Darshan warteten, wurden im Laufe des Tages immer länger. Bis spät in die Nacht hinein trafen Menschen von nah und fern ein, um Swami Sivananda Ehre und Dank zu erweisen. In den Morgenstunden des 16. Juli hatte sich eine große Menschenmenge am Ufer eingefunden. Als gegen 10.30 Uhr Swamis Körper aus dem Haus getragen wurde, erhob sich der Schall von Muschelhörnern, Glocken schlugen und Sanskrit-Studenten sangen vedische Hymnen. Die Prozession setzte sich in Bewegung zum Ghat des Ashrams.

Am Wasser unten stand eine Bahre bereit, auf die der Körper gelegt wurde. Es begann ein *Abhisheka*, das große rituelle Bad. Verschiedene Ingredenzien wie Milch, flüssige Butter, Gelbwurzpulver und kostbare Öle wurden durch Übergießen des Körpers geopfert. Zum Schluß folgte eine Waschung mit dem heiligen Wasser der Ganga unter Rezitation vedischer Hymnen.

Mit einer Sänfte, die über und über mit Blumen geschmückt war, trugen die engsten Schüler ihren Lehrmeister den Hügel hinauf. Das Maha-Mantra erklang aus aller Munde. Hier und da war der Ruf: »Sivananda Maharaj ki jay« zu hören. Vor dem Samadhi-Schrein führten Brahmanen ein letztes Arati aus und dann wurde der Körper in der Lotos-Haltung gebracht und hinuntergelassen. Nun bestrichen Priester den Körper mit Sandelholzpaste, geweihter Asche und Kampfer. Gegen Mittag bedeckte man den Schrein mit einer Marmorplatte und stellte eine Schale mit Wasser aus der Ganga darauf.

II
Ausgewählte Texte
von Swami Sivananda

Wie Gott in mein Leben kam

Ein Zeitschriftenartikel

Es wäre leicht, die Frage damit abzutun, wenn ich sagen würde: »Ja, nach einer langen Zeitspanne intensiv auferlegter Strenge und Meditation im Swarg Ashram, in welcher ich den Darshan und Segen von einigen großen Weisen bekam, erschien der Herr vor mir, in der Form von Sri Krishna«. Aber das wäre nicht die ganze Wahrheit, nicht einmal eine ausreichende Antwort in bezug auf Gott, der unendlich, unbegrenzt und jenseits von Sprache und Verstand ist.

Kosmisches Bewußtsein kommt nicht einfach so oder durch Zufall. Es ist der Gipfel, zugänglich über einen dornigen Weg mit rutschigen, steilen Stufen. Ich bin ihn hinaufgestiegen, den schweren Weg, Stufe für Stufe; aber bei jedem Tritt habe ich erfahren, wie Gott in mein Leben kam und mir half, den nächsten Schritt zu bewältigen.

Mein Vater liebte die Verehrung durch Zeremonien. Für mein kindliches Verständnis war das Bild, welches er verehrte, Gott; ich half ihm gern, die nötigen Dinge wie Blumen usw. für die Puja zu richten. Der tiefe innere Friede, der uns dadurch zuteil wurde, pflanzte die Gewißheit in mein Herz, daß Gott gegenwärtig ist, wo Menschen sich Ihm voller Hingabe durch ein Bild anvertrauen. So kam Gott in mein Leben und setzte meinen Fuß auf die erste Sprosse der Leiter.

Als junger Mann war ich versessen auf Sport und kräftigende Übungen. Ich lernte Fechten bei einem Lehrer, der aus der untersten Kaste stammte, einem *Harijan*. Ich konnte nur für ein paar Tage zu ihm gehen, bis ich zu verstehen hatte, daß es sich für jemanden, der als Brahmane geboren wurde, nicht ziemt, sich von einem Unberührbaren unterrichten zu lassen. Ich dachte tief über die Angelegenheit nach. Auf einmal hatte ich das Empfinden, daß der Gott, den wir alle im Bild des Puja-Raumes meines Vaters verehrten, hinübergesprungen war in das Herz dieses Unberührbaren. Er war mein Lehrer, jawohl er war es! Auf der Stelle ging ich mit Blumen, Süßigkeiten und Kleidern zu ihm, hängte ihm eine Blumengirlande um, überreichte ihm die Geschenke und warf mich ihm zu Füßen. So kam Gott in mein Leben, um den Schleier in Bezug auf Kastenunterschiede wegzunehmen.

Wie höchst wertvoll dieser Schritt war, konnte ich schon bald darauf erkennen, war ich doch gerade dabei, den Beruf des Arztes zu ergreifen und allen zu dienen. Das Bestehen auf Klassenunterschieden hätte diesen Dienst als Hohn erscheinen lassen. Mit Hilfe der Auflösung des Nebels durch das Licht Gottes war es für mich sehr einfach und natürlich, jedem zu dienen. Jegliche Art des Dienens, die mit Heilen und Linderung menschlichen Elends verbunden war, verschaffte mir größte Freude. Wenn es ein gutes Rezept gegen Malaria gab, wünschte ich, daß die ganze Welt es im nächsten Moment kennenlernen sollte. Jegliches Wissen zur Vermeidung von Krankheiten, Förderung von Gesundheit und Heilung von Krankheiten wollte ich mir aneignen und mit allen teilen.

Dann kam Gott durch die Kranken in Malaya in mein Leben. Es ist jetzt schwer für mich, eine spezielle Begebenheit zu benennen und vielleicht ist es nicht nötig. Zeit und Raum sind Vorstellungen des Verstandes und haben für Gott keine Bedeutung. Ich kann jetzt auf die Zeitspanne meines Wirkens in Malaya zurückblicken als Ganzes, in dem Gott durch die Leidenden und Kranken zu mir kam. Menschen sind körperlich und mental krank. Für manche ist das Leben wie ein schleichender Tod, für andere ist der Tod willkommener als das Leben. Einige führen ein miserables Leben und können den Tod nicht annehmen; andere laden den Tod ein und begehen Selbstmord, weil sie nicht imstande sind, das Leben anzunehmen.

Ein Sehnen wuchs in mir, daß, falls Gott diese Welt nicht nur als eine Hölle, in die böse Menschen geworfen werden, erschaffen hat und wenn da noch etwas anderes als Elend und Hilflosigkeit existierte (was ich intuitiv spürte), dies herausgefunden und in Erfahrung gebracht werden müßte.

Es war an diesem entscheidenden Punkt in meinem Leben, daß Gott in Form eines Asketen zu mir kam, der mir die ersten Lektionen in Vedanta gab. Die positiven Seiten, der wahre Sinn und das Ziel menschlichen Lebens offenbarte sich mir. Dies zog mich von Malaya in den Himalaya. Gott kam zu mir in der Form eines allverzehrenden Trachtens, Ihn als das Selbst von allem zu verwirklichen. Meditation und Dienen ging schnell von der Hand; mit ihnen kamen verschiedene spirituelle Erfahrungen, durch die der Körper, der Verstand und das Gedankenleben ihre begrenzenden Eigenschaften aufgaben und das ganze Universum in Seinem Licht erstrahlte. Gott kam in der Form dieses Lichtes, welches allem eine heilbringende Färbung schenkte, so daß die Schmerzen und Leiden, die jedermann augenscheinlich auszuhalten hatte, sich als ein Phantom herausstellten; eine Illusion, die durch Unwissenheit als Folge von niederen sinnlichen Begierden entsteht, welche sich im Menschen versteckt halten.

Ein weiterer Meilenstein mußte passiert werden, um das Geheimnis von »Sarvam Khalv Idam Brahman« – »Alles ist in der Tat Brahman« kennenzulernen. Zu Beginn des Jahres 1950 (am 8. Januar) kam Gott in der Form eines verwirrten Attentäters, der den abendlichen Satsang störte. Sein Versuch mißlang. Ich verneigte mich vor ihm, erwies ihm die Ehre und sandte ihn heim. Das Böse existiert, um das Gute zu preisen. Das Böse ist eine oberflächliche Erscheinung. Durch seine Schleier leuchtet das Selbst in allem.

Eine beachtenswerte Tatsache sollte hier noch erwähnt werden. Nichts, was innerhalb dieser Evolution einmal erreicht wurde, konnte wieder abgelegt werden. Das alte vereinigte sich mit dem neuen, der Yoga der Synthese war die Frucht. Die wirkungsvolle und intelligente Synthese von Bilderverehrung, selbstlosem Dienst an Kranken, Meditation, das Pflegen von kosmischer Liebe, welche die Schranken zwischen Kasten, verschiedenen Glaubensvorstellungen und Dogmen überwindet im Hinblick auf das letzte Ziel, kosmisches Bewußtsein zu erlangen, wurde enthüllt. Dieses Wissen mußte umgehend weitergegeben werden. All dies war zu einem wesentlichen Teil in mir geworden.

Der Auftrag hat Stärke und Wachstum erfahren. Es war im Jahre 1950, als ich eine Rundreise durch ganz Indien unternahm. Hier kam Gott in Seiner manifesten Form zu mir – in Scharen von Wißbegierigen, die den Grundzügen heiligen Lebens lauschten. An jedem Ort fühlte ich, daß Gott durch mich sprach und daß Er selbst sich vor mir ausbreitete, als die Volksmassen Ihm zuhörten. Er sang mit mir. Er betete mit mir. Er sprach und hörte zu. Sarvam Khalv Idam Brahman.

1st January 1946.

I was born of P. S. Vengu Aiyer and Parvathi ammal on 8th Sept. 1887 at Pattamadai, Tinnevelly Dt. S. India, in the line of Appayya Dixit. My Star is Bharani.

I was extremely mischievous in my boyhood. I studied in the S. P. G. College, Trichy. I was a Doctor in the Malaya States for 10 years. I took Sannyasa in 1924 in Rikhikesh.

I did Tapas and meditation for 15 years. I went on lecturing tours for 10 years. I founded the Divine Life Society in 1936 and the All-World Religious Federation in 1945.

Sivananda

Siva Gita

Eine Charakterisierung des eigenen Wesens
in achtzehn Briefen

Vom 1. bis 18. Januar 1946 schrieb Sivananda jeweils morgens ein Kapitel einer Kurzbiographie, der er den Namen »Siva Gita« gab. Der Begriff »Gita« setzt sich aus zwei Silben zusammen, wobei die erste Opfer und die zweite Spiritualität bedeuten. Die Übersetzung »Gesang« weist darauf hin, daß es ein besonders erhebender Text ist, der durch wiederholtes Singen, Rezitieren oder Lesen geistige Früchte hervorbringt. Der hier vorliegende, in Briefform hineingelegte Gesang lädt in hervorragender Weise zu innerer Einkehr und Selbstreflektion ein.

1. Januar 1946

Ich wurde durch P. S. Vengu Aiyer und Parvathiammal am 8. September 1887 in Pattamadai, Tirunelveli Distrikt, Südindien, in der Linie des Appaya Dikshitar geboren. Mein Stern ist Bharani.

Ich war extrem spitzbübisch in meiner Kindheit. Ich studierte im S. P. G. College, Trichy. Ich war zehn Jahre lang Doktor in Malaya. Ich nahm 1924 in Rishikesh den Mönchsstand an.

Ich praktizierte fünfzehn Jahre lang strenge Übungen und Meditation. Während zehn Jahren ging ich auf Vortragsreisen. Ich gründete 1936 die »Gesellschaft des Göttlichen Lebens« und 1945 den »Weltverband aller Religionen«.

Sivananda

ॐ

2nd January 1946.

I am child-like in my Swabhava. So I mix with all. I become one with all.

I am ever happy and Joyful and make others also happy and Joyful.

I am full of educative humour. I radiate Joy through humour.

I respect all. I do salutations to all first.

I always speak sweetly. I walk quickly.

I do Japa and meditation while walking and while at work also.

Sivananda

ॐ

3rd January 1946.

I am ever hard-working. I have intense application to work. I never leave a work till it is finished. I never procrastinate any work. I finish it then and there. I am very quick in doing things.

I cannot suppress the spirit of service in me. I cannot live without service. I take immense delight in service. Service has elevated me. Service has purified me.

I know well how to extract work from others. I extract work through Kindness, service, respect and love.

Sivananda

146

2. Januar 1946

Meine wesentliche Natur ist die eines Kindes. So verkehre ich mit allen. Ich werde eins mit allen.

Ich bin immer glücklich und froh und mache andere ebenso glücklich und froh.

Ich bin erfüllt von erzieherischem Humor. Ich strahle Freude durch Humor aus.

Ich respektiere jeden. Ich grüße stets als erster.

Ich wähle stets sanfte Worte. Ich gehe schnell.

Ich übe die Wiederholung des Gottesnamens und Meditation während ich gehe und auch während ich arbeite.

Sivananda

3. Januar 1946

Ich arbeite ständig und viel. Ich habe eine tiefe Beziehung zur Arbeit. Ich entferne mich nie von einer Arbeit, bis sie zu Ende geführt ist. Ich zaudere vor keiner Tätigkeit. Ich führe sie hier und jetzt aus. Ich handle sehr schnell.

Ich kann den Geist des Dienens in mir nicht unterdrücken. Ich kann ohne Dienen nicht leben. Mir wird durch Dienen größte Freude zuteil. Dienen hat mich erhoben. Dienen hat mich geläutert.

Ich kann gut aus anderen Arbeit hervorholen. Ich hole Arbeit durch Güte, Dienst, Achtung und Liebe hervor.

Sivananda

ॐ

4th January 1946

I am very regular in doing asans and exercises. I even now do Sirshasan, Sarvang asan and other asans. I do pranayama also regularly. These give me wonderful health and energy. I run round the Bhajan Hall daily.

I cannot deliver fiery lectures sitting on a special seat. Special seat pricks me. I stand up or throw the seat away and then begin to speak. I never sat on a special seat when I presided over spiritual conferences.

I rejoice in giving. I always give.

Sivananda

ॐ

5th January 1946.

I am 59 now. I ever feel I am quite young. I am full of vigour, vim and vitality. I am ever cheerful. I sing, dance, run, and jump in joy. I am robust and strong. I can digest any kind of food.

I continuously work, read and write. I never go to hill-stations or sea-side for a holiday. Change of work gives rest. Meditation gives abundant rest.

Work gives me delight. Service gives me happiness. Writing bestows joy. Meditation energises and invigorates me. Kirtan vivifies me.

Sivananda

4. Januar 1946

Ich bin sehr regelmäßig in der Praxis von Asanas und Übungen. Selbst heute noch praktiziere ich den Kopf- und Schulterstand sowie andere Asanas. Ich führe ebenso regelmäßig Pranayama-Übungen aus. Sie geben mir eine ausgezeichnete Gesundheit und Energie. Jeden Tag laufe ich um die Bhajan-Halle.

Ich kann keine feurigen Reden halten, wenn ich auf einem speziellen Stuhl sitze. Ein besonderer Stuhl versetzt mir Stiche. Ich stehe auf oder stoße den Stuhl beiseite, und dann beginne ich zu reden. Ich saß nie auf einem speziellen Sitz, wenn ich eine spirituelle Zusammenkunft leitete.

Ich frohlocke im Geben. Ich gebe immer.

Sivananda

5. Januar 1946

Ich bin jetzt Neunundfünfzig. Ich fühle jederzeit, daß ich recht jung bin. Ich bin voller Energie, Schwung und Lebenskraft. Ich bin immer heiter. Ich singe, tanze, laufe und springe vor Freude. Ich bin robust und stark. Ich kann alle Speisen verdauen.

Ich arbeite, lese und schreibe fortwährend. Ich fahre nie ins Gebirge oder an die See, um Urlaub zu machen. Abwechslung in der Arbeit schenkt Erholung. Meditation schenkt Erholung im Überfluß.

Arbeit schenkt mir Wonne. Dienen schenkt mir Freude. Schreiben spendet mir Glück. Meditation kräftigt und stärkt mich. Das Singen religiöser Lieder belebt mich.

Sivananda

ॐ

6th January 1946.

"Aham Brahm Asmi, Sivoham, Soham
Sat Chit ananda Swaroopoham."
This is my favourite formula
for Vedantic meditation.

"Song of Chidanand" is my
favourite song for singing.

"Hare Rama Hare Rama
Rama Rama Hare Hare,
Hare Krishna Hare Krishna
Krishna Krishna Hare Hare."
This Maha mantra Kirtan is
my favourite Kirtan.

Sivananda

ॐ

7th January 1946.

At the present moment I
am the richest man in the
whole world. My heart is full.
Further, all the wealth of the
Lord belongs to me now. Hence
I am King of Kings, Emperor of
Emperors, Shah of Shahs, Maha-
Raja of Maharajas. I take
pity on the mundane Kings.
My dominion is limitless. My
wealth is inexhaustible.

My joy is inexpressible.
My treasure is immeasurable.
I attained this through Sannyasa,
renunciation, untiring selfless
service, Japa, Kirtan, and
meditation.

Sivananda

6. Januar 1946

»Ich bin Brahman, Ich bin Siva, Ich bin Er; Sein-Bewußtsein-Glückseligkeit ist mein wahres Wesen«. Dies ist meine bevorzugte Formel für die Vedanta-Meditation.

Der »Gesang vom Wissen um die Glückseligkeit« ist mein liebstes Lied.

»Hare Rama Hare Rama
Rama Rama Hare Hare

Hare Krishna Hare Krishna
Krishna Krishna Hare Hare«

Dieser Maha-Mantra-Kirtan ist mein Lieblingsgesang.

Sivananda

7. Januar 1946

Im jetzigen Augenblick bin ich der reichste Mann der ganzen Welt. Mein Herz ist voll. Weiterhin gehört mir jetzt der ganze Reichtum des Herrn. Deshalb bin ich der König der Könige, der Kaiser aller Kaiser, der Schah der Schahs, der Maharadscha aller Maharadschas. Ich bemitleide die weltlichen Könige. Mein Reich ist ohne Grenzen. Mein Reichtum ist unerschöpflich.

Meine Freude ist unbeschreiblich. Mein Schatz ist nicht meßbar. Ich erreichte dies durch mönchisches Leben, durch Entsagung, unermüdlichen, selbstlosen Dienst, Anrufung Gottes, Singen und Meditation.

Sivananda

ॐ

8th January 1946.

I am tall. My height is 6
feet. I have a sinewy frame. I
have symmetrical limbs. I was a
first class gymnast.

I fast on Ekadasi. I do not
take even a drop of water. I take
milk and fruits on Sundays.
I do not take salt on Sundays.

I lead a simple natural
life. There is a fountain of youth
in me. I beam with joy. I
observe fasting, resting, airing,
bathing, breathing, exercising,
sunbathing and enjoy freedom,
power, beauty, courage, poise
and health.

OM. OM. OM.

Sivananda

ॐ

9th January 1946.

I love nature, music, art,
poetry, philosophy, beauty, good-
ness, solitude, meditation, Yoga
and Vedanta.

I am humble and simple.
I am frank and straight-forward.
I am perfectly tolerant and
Catholic. I am merciful and
sympathetic. I have spontaneous
and unrestrained generosity.

I am bold and cheerful.
I am patient. I can bear insult
and injury. I am forgiving.
I am free from vindictive
nature. I return good for evil.
I serve that man who has
injured me, with joy.

Sivananda

8. Januar 1946

Ich bin groß. Mein Körper mißt sechs Fuß (1,83 m). Ich habe eine kräftige Figur. Ich habe symmetrische Körperglieder. Ich war ein erstklassiger Sportler.

Ich faste am elften Tag des zunehmenden Mondes. Ich nehme dann nicht einen Tropfen Wasser zu mir. Sonntags nähre ich mich von Milch und Früchten. Ich esse sonntags kein Salz.

Ich führe ein einfaches, natürliches Leben. Ein Jungbrunnen befindet sich in mir. Ich erstrahle vor Freude. Ich beachte Fasten, Ruhen, frische Luft, Baden, Atmen, Körperübungen, Sonnenbäder und erfreue mich an Freiheit, Kraft, Schönheit, Mut, Ausgeglichenheit und Gesundheit.

OM. OM. OM.
Sivananda

9. Januar 1946

Ich liebe die Natur, Musik, Kunst, Poesie, Philosophie, Schönheit, Güte, Einsamkeit, Meditation, Yoga und Vedanta.

Ich bin bescheiden und einfach. Ich bin freimütig und direkt. Ich bin absolut tolerant und gleichwertig gegenüber allen. Ich bin barmherzig und mitfühlend. Ich besitze spontane, uneingeschränkte Großzügigkeit.

Ich bin kühn und heiter. Ich bin geduldig. Ich kann Beleidigungen und Ungerechtigkeiten ertragen. Ich vergebe allen. Ich bin nicht nachtragend. Ich gebe Bösem Gutes zurück. Ich diene dem, der mich verletzt hat, mit Freude.

Sivananda

ॐ

10th January 1946.

I love Ganga. and the Himalyas. Ganga is my Mother Divine. Himalyas is my Father Divine. They inspire and guide me. I take bath in Ganga. I swim in Ganga. I adore Ganga. I feed the fishes of Ganga.

I wave light to Mother Ganga. I pray to Ganga. I do salutations to Ganga. I sing the glory of Ganga. I write about the grandeur and glory of Ganga.

Ganga has nourished me. Ganga has comforted me. Ganga has taught me the Truths of the Upanishads.

Glory to Ganga!

Sivananda

ॐ

11th January 1946.

My daily routine is like that of Lord Buddha. I always remain in the room. I do Japa, Kirtan, and meditation. I study sacred books. I write. I come out of the room for a short time for work, service and interview.

I talk a little. I think much. I meditate much. I try to do much and serve much.

I do not waste even a single minute. I ever keep myself fully occupied. I lead a well-regulated life. I perform worship of Atma at all times I work for the good of others.

OM. OM. OM.

Sivananda

154

10. Januar 1946

Ich liebe die Ganga und die Himalaya-Berge. Ganga ist meine Göttliche Mutter. Der Himalaya ist mein Göttlicher Vater. Sie inspirieren und führen mich. Ich bade in der Ganga. Ich schwimme in der Ganga. Ich verehre Ganga. Ich füttere die Fische der Ganga.

Ich schwinge das Licht und sende es zur Mutter Ganga. Ich bete zur Ganga. Ich verneige mich vor der Ganga. Ich singe zur Ehre Gangas. Ich schreibe über die Größe und Pracht der Ganga.

Ganga hat mich genährt. Ganga hat mich getröstet. Ganga hat mich die Wahrheit der Upanischaden gelehrt.

Gepriesen sei Ganga!
Sivananda

11. Januar 1946

Mein Tagesablauf ist wie der des erhabenen Buddha. Ich bleibe fast die ganze Zeit zu Hause. Ich wiederhole Gottes Namen, singe Lieder der Verehrung und meditiere. Ich studiere heilige Schriften. Ich schreibe. Ich komme für eine kurze Zeit der Arbeit, des Dienstes und der Unterredungen heraus.

Ich spreche wenig. Ich denke viel. Ich meditiere viel. Ich versuche, viel zu tun und viel zu dienen.

Ich verschwende nicht eine Minute. Ich sehe zu, daß ich stets vollauf beschäftigt bin. Ich führe ein wohlgeregeltes Leben. Ich verehre das Selbst zu jeder Zeit. Ich arbeite für das Wohl anderer.

OM. OM. OM.
Sivananda

35

12th January 1946.

Gita, Upanishads, Bhagawat Yoga Vashishta, Avadhooth Gita, Viveka-chudamani are my constant companions.

I am a strange mixture of service, devotion, yoga and wisdom. I am a follower of Sri Sankara. I am a Keval-Adwaita Vedantin. I am not at all a dry lip-Vedantin. I am a practical Vedantin.

I practise and advocate the Yoga of Synthesis. I practise Ahimsa, Satyam and Brahmacharya.

Glory to Sri Sankara!

Sivananda

35

13th January 1946.

I respect all saints and prophets of all religions. I respect all religions, all cults, all faiths and all creeds.

I serve all, love all, mix with all and see the Lord in all. I stick to my promises. I serve the poor. This is my delight. I do mental prostrations to asses, dogs, trees, bricks, stones and all creatures. I respect elders and Sadhus. I obey. I please all through sincere self-less service.

I attend on guests very carefully. I run hither and thither to serve them. I shampoo the legs of sick persons and Sadhus.

Sivananda

12. Januar 1946

Gita, Upanischaden, Shrimad Bhagavatam (Lebensgeschichte Krishnas und über die Inkarnationen Vishnus), Yoga-Vashishta (Belehrungen des Vashishta an Rama), Avadhuta Gita (Beschreibung des Wesens von Sannyasa) und Viveka Chudamani (Sankaras »Das Kleinod der Unterscheidung«) sind meine ständigen Begleiter.

Ich bin eine seltsame Mischung aus Dienen, Hingabe, Yoga und Weisheit. Ich bin ein Nachfolger von Sri Sankara. Ich bin ein Keval-Adwaita Vedantin (Wissender um die alleinige Existenz des Absoluten jenseits von Dualität). Ich bin keineswegs ein Forscher mit trockenen Lippen. Ich bin ein praktischer Vedanta-Lehrer.

Ich praktiziere und vertrete den Yoga der Synthese. Ich praktiziere Gewaltlosigkeit, Wahrhaftigkeit und Enthaltsamkeit.

Gepriesen sei Sri Sankara!
Sivananda

13. Januar 1946

Ich achte alle Heiligen und Propheten aller Religionen. Ich achte alle Religionen, alle Formen der Verehrung, alle Glaubensrichtungen und Konfessionen.

Ich diene allen, liebe alle, begegne allen und sehe den Herrn in allem. Ich halte meine Versprechen. Ich diene den Armen. Dies ist meine Freude. Ich verneige mich im Innern vor Eseln, Hunden, Bäumen, Ziegeln, Steinen und allen Geschöpfen. Ich ehre Ältere und Bettelmönche. Ich gehorche. Ich erfreue jeden durch gewissenhaften, selbstlosen Dienst.

Ich kümmere mich sehr aufmerksam um Gäste. Ich laufe hier- und dorthin, um ihnen zu dienen. Ich wasche Kranken und Mönchen die Füße.

Sivananda

ॐ

14ᵗʰ January 1946.

I give very prompt reply to all my letters. I do several things at a time. I write with electric speed.

I spend everything. I do lot of charity. I do not keep anything. I take immense delight in feeding the poor and my students. I try to be a mother to them.

I talk to others on things which I have myself practised. I look within always, introspect, analyse and examine. I hold the Trisul, spiritual diary, daily routine and resolve.

Sivananda

ॐ

15ᵗʰ January, 1946.

I ever served my Masters with great sincerity and intense faith and devotion. I learnt many useful lessons for life. I developed many virtues.

I wandered without food during my Pari-vrajak life. I slept on the roadside at night without clothing during winter. I ate dried bread with water.

I stick tenaceously to my principles and ideals. I do not argue much. I live in silence.

Sivananda

14. Januar 1946

Ich beantworte alle meine Briefe sehr prompt. Ich führe verschiedene Dinge gleichzeitig aus. Ich schreibe mit elektrischer Geschwindigkeit.

Ich gebe alles aus. Ich gebe viel für wohltätige Zwecke. Ich behalte nichts. Es ist mir eine außerordentliche Freude, die Armen und meine Schüler zu speisen. Ich versuche, eine Mutter für sie zu sein.

Ich spreche zu anderen über Dinge, die ich selbst ausgeübt habe. Ich blicke stets nach innen, halte Einkehr, analysiere und prüfe. Ich halte den *Trisul* (Sivas Dreizack), halte das geistige Tagebuch, den Tagesplan und meine Entschlüsse ein.

Sivananda

15. Januar 1946

Ich habe stets meinen Meistern mit großer Aufrichtigkeit, starkem Glauben und Hingabe gedient. Ich habe viele brauchbare Lektionen für das Leben gelernt. Ich entwickelte viele Tugenden.

Ich wanderte während meiner Zeit als Bettelmönch ohne Essen umher. Ich schlief im Winter ohne Decke am Straßenrand. Ich aß trockenes Brot mit Wasser.

Ich bleibe beharrlich meinen Prinzipien und Idealen treu. Ich argumentiere nicht viel. Ich lebe in der Stille.

Sivananda

ॐ 16th January 1946.

I pray and do kirtan for the peace of the whole world, for the health and peace of sick people, and for the peace of the departed souls and the earth-bound spirits also.

I take a dip in the Ganges in the name of all those who are longing for a bath in the Ganges.

I sing the names of all saints of all religions in the Bhajan Hall. I observe All-Saints' day and All-Souls' day.

ॐ. ॐ. ॐ

Sivananda

ॐ 17th January 1946.

I constantly meditate on the following:

Prajnanam Brahm, Aham Brahm Asmi, Tat Twam Asi, Ayam Atma Brahm.

Satyam Jnanam Anantam Brahma. Santam Sivam Adwaitam.

Aham Atma Gudakesa: Aham Atma Nirakarah Sarvavyapi Sarvbhavatah.

Brahma Satyam Jagan Mitya Jeevo Brahmaiva na parah.

Akarta Abhokta Aang, Sakshi: Ajo nityah saswatoyam Purano.

Jyotishamapi tat Jyotih.

Sivananda

160

16. Januar 1946

Ich bete und singe für den Frieden der ganzen Welt, für Gesundheit und Frieden der Kranken, für den Frieden der aus dem Leben geschiedenen Seelen und auch für die erdgebundenen Geister.

Ich tauche im Namen aller im Ganges unter, die sich nach einem Bad im Ganges sehnen.

Ich singe die Namen der Heiligen aller Religionen in der Bhajan-Halle. Ich feiere die Tage Allerheiligen und Allerseelen.

OM. OM. OM.
Sivananda

17. Januar 1946

Ich meditiere ohne Unterlaß über folgendes:

Das Bewußtsein ist Brahman; Ich bin Brahman; Du bist Das;
Dieses Selbst ist Brahman;
Wahrheit, Wissen, Unendlichkeit ist Brahman;
Friede Glückseligkeit und das Ungeteilte ist Brahman.
Ich bin der Herr über den Schlaf: Ich bin das gestaltlose Selbst, das seinem Wesen entsprechend allgegenwärtig ist.
Brahman ist wirklich, die Welt ist unwirklich.
Das individuelle Wesen ist Brahman und nichts anderes.
Das Selbst handelt nicht, genießt nicht,
ist nicht gebunden, der Zeuge von allem.
Es ist ungeboren, ewig, immerwährend seit Urzeiten.
Es ist das Licht allen Lichtes.

Sivananda

ॐ

18th January 1946.

To raise the fallen, to lead the blind, to share what I have with others, to bring solace to the afflicted, to cheer up the suffering are my ideals.

To have perfect faith in God, to love my neighbours as my own Self, to love God with all my heart and soul, to protect cows, animals, women, and children are my aims.

My watchword is Love. My goal is Sahaja Samadhi Avastha or the natural, Continuous, Superconscious State.

Sivananda

18. Januar 1946

Die Gefallenen aufzurichten, die Blinden zu führen, das, was ich habe, mit allen zu teilen, den Betrübten Trost zu bringen, die Leidenden aufzumuntern sind meine Ideale.

Vollkommenes Vertrauen in Gott zu haben, meinen Nächsten als mein eigenes Selbst zu lieben, Gott mit ganzem Herzen und ganzer Seele zu lieben, Kühe, Tiere, Frauen und Kinder zu beschützen, sind meine Ziele.

Mein Losungswort heißt Liebe. Mein Ziel ist *Sahaja Samadhi Avastha* oder der natürliche, ständige überbewußte Seinszustand.

Sivananda

Die Texte der Sivananda-Säule

Zwanzig Anweisungen

1. Stehe täglich um vier Uhr auf.
   Praktiziere Japa und Meditation.

2. Sitze aufrecht und mit gekreuzten Beinen
   für die Erinnerung des Gottesnamens
   und für die Kontemplation.

3. Nimm reine, sattvische Speisen zu dir.
   Überlade den Magen nicht.

4. Spende ein Zehntel deines Einkommens
   für wohltätige Zwecke.

5. Studiere täglich ein Kapitel der Bhagavad Gita.

6. Lebe enthaltsam. Schlafe getrennt.

7. Halte dich fern vom Rauchen, von Drogen,
   Alkohol und stimulierenden Speisen.

8. Faste an Ekadashi-Tagen (elfter Tag des
   zunehmenden Mondes) oder nimm nur
   Milch und Früchte zu dir.

9. Halte eine tägliche Schweigezeit von zwei Stunden
   ein und sprich nicht während der Mahlzeiten.

10. Sprich die Wahrheit um jeden Preis.
    Rede wenig und sei freundlich.

11. Verringere deine Wünsche.
    Führe ein frohes, zufriedenes Leben.

12. Verletze niemals die Gefühle anderer.
    Sei höflich gegenüber allen.

13. Denke über deine Versäumnisse nach.
    Führe Selbstanalyse aus.

14. Lasse dich nicht bedienen.
    Vertraue deiner eigenen inneren Kraft.

15. Denke an Gott, sobald du aufwachst
und bevor du einschläfst.

16. Trage immer einen Rosenkranz
um deinen Hals oder in der Tasche.

17. Halte dich an den Grundsatz:
Einfach leben – Hohes denken.

18. Diene Asketen, Sannyasin,
Armen, Kranken und Leidenden.

19. Richte dir einen separaten Raum
für die Meditation ein.

20. Führe ein spirituelles Tagebuch.
Halte deinen Tagesplan ein.

Diese zwanzig Anweisungen enthalten die Essenz des Yoga und Vedanta. Halte sie konsequent ein. Sei nicht mild gegenüber deinem äußeren Bewußtsein. Dann wird dir die höchste Freude zuteil.

Die Hauptlehrsätze
der wichtigen Weltreligionen

Wisse um das Selbst und du bist
befreit. *Hinduismus*

Das Königreich des Himmels
ist in dir. *Christentum*

Es gibt keinen Gott außer Allah und
Mohammed ist der Prophet Allahs.
Islam

Für die ganze Welt ist dies das Gesetz:
Alles ist vergänglich. *Buddhismus*

Nicht-Verletzen ist in der Tat die
einzige Religion. *Jainismus*

Die Reinheit von Gedanke, Wort und
Tat ist die Essenz der Religion.
Zarathustra und das Parsentum

Ich bin, der Ich bin. *Judentum*

Derjenige, welcher sich selbst über-
wunden hat, ist mächtig. *Taoismus*

Tadele dich so, wie du andere tadeln
würdest. *Konfuzianismus*

Es gibt nur einen Gott, und sein Wesen
ist Wahrheit; heilbringend ist der
Lehrer. *Sikhismus*

Ich bin – ist die ganze Wirklichkeit.
Sufismus

Sieh nichts Böses. Höre nichts Böses.
Sprich nichts Böses. *Shintoismus*

Alle Religionen sind eine einzige. Sie lehren das heilige Leben. Liebe alle. Diene allen. Praktiziere Gewaltlosigkeit, Wissen, Enthaltsamkeit. Sei selbstlos.
Suche die Unsterblichkeit und das Göttliche Leben

Das Herz der Religion

Gott ist Liebe. Die einzig wahre Religion ist die Religion der Liebe und die Religion des Herzens. Nimm
die anderen so wahr, wie du dir selbst begegnest.
Diese universelle Religion wird der Welt den Frieden und Glückseligkeit bringen.

Allumfassendes Gebet

O anbetungswürdiger Herr der Gnade und Liebe!
Gruß Dir in Demut gebeugt.
Du bist allgegenwärtig, allmächtig und allwissend.
Du bist die Einheit von Sein, Bewußtsein und Glückseligkeit.
Du wohnst im Innern aller Wesen.

Gib uns verstehende Herzen, urteilsfreie Sicht,
ein ausgewogenes Gemüt, Glaube, Hingabe und Weisheit.
Schenke uns innige Geisteskraft, Versuchungen zu widerstehen
und den Verstand zu beherrschen.
Befreie uns von Selbstsucht, Begehren der Sinne,
Geiz, Haß, Zorn und Eifersucht.
Erfülle unsere Herzen mit göttlichen Tugenden.

Laß uns Dich erschauen in all diesen Namen und Formen.
Laß uns Dir dienen in all diesen Namen und Formen.
Laß uns allezeit Deiner gedenken.
Laß uns stets von Deiner Herrlichkeit singen.
Laß Deinen Namen immer auf unseren Lippen sein.
Laß uns in Dir bleiben allezeit.

Das obige, nicht zu Trennungen führende Gebet eignet sich
in besonderer Weise, bei allgemeinen Versammlungen gesprochen zu werden. Es richtet sich an alle Bewohner der
Erde und schließt jeden mit ein. Dies ist ein prachtvolles,
allumfassendes Gebet, welches ihr täglich zu Hause wie
auch bei öffentlichen Gelegenheiten sprechen solltet. Es
ist ein Gebet, das alle vereinen wird. Durchgeistigt eure
Handlungen und entdeckt das goldene Geheimnis göttlichen Lebens.

Swami Sivananda

Gleichnisse von Swami Sivananda

Von einem Mann und seinem Hund

Ein Mann ging mit seinem schönen Hund spazieren. Er war sehr stolz auf seinen Hund. Er lief immer vor ihm her. Der Mann trug einen Schirm in der Hand. Um den anderen Leuten zu zeigen, was sein geliebter Hund alles für ihn tue, ließ er ihn den Schirm in seiner Schnauze tragen. Stolz lief er vor ihm her, die Mitte des Schirms zwischen den Zähnen haltend. Plötzlich begann es zu regnen. Der Mann wollte seinen Schirm benutzen. Aber der Hund war hundert Meter vor ihm. Also rannte er dem Hund nach. Der aber, verwundert, warum sein Herr hinter ihm herrannte, erschrak und lief, so schnell es ging, nach Hause. Der stolze Mann wurde bis auf die Haut durchnäßt, bevor er das Haus erreichte und den Schirm zurückbekam.

Der *Jiva*, die individuelle Seele, geblendet von Stolz und Unwissenheit, überantwortet sein spirituelles Bewußtsein dem Verstand. Für einige Zeit sieht es so aus, als ob das Denken gut voranschreitet und den Jiva führt; das Bewußtsein scheint beim Verstand in festen Händen, und der Jiva fühlt sich sicher. Es kommt ein starker Schauer von Nöten des weltlichen Lebens und sinnlichen Versuchungen. Der Hundeverstand mit dem Schirm von spirituellem Bewußtsein hatte sich jedoch von dem Jiva weit entfernt.

Wenn der Schirm des spirituellen Bewußtseins nicht an den Verstand übergeben worden wäre (welches umständehalber nichts Richtiges damit anfangen konnte), hätte der Jiva sich vor dem Regen des Elends und der Versuchungen schützen können. Je schneller er jetzt läuft, um der Not zu entkommen, um so mehr scheint sich die Abhilfe zu entfernen.

Also, o Mensch, begehe nicht die Dummheit, den spirituellen Reichtum und das Wohlergehen dem irrenden Verstand anzuvertrauen. Er ist höchst unzuverlässig. Er wird dich in Zeiten schwerer Prüfungen im Stich lassen. Lerne, dem Herrn allein zu vertrauen. Mache Ihn zu deiner einzigen Stütze.

Von einem Gutsherren und seinem Aufseher

Ein Gutsherr stellte einen neuen Verwalter für seine Ländereien an. Dem Verwalter wurde große Macht über das Gut eingeräumt. Die Arbeiter wurden dazu gebracht, ihm zu gehorchen und zu glauben, daß die Macht, sie zu kontrollieren, anzustellen oder zu entlassen, allein bei dem Geschäftsführer läge. Obwohl der Gutsherr den Verwalter von fern beobachtete, sah es so aus, als ob er gar nicht da wäre. Nach und nach wurde der Verwalter immer hochmütiger und arroganter und begann, die ganze Macht des Gutsbesitzers für sich in Anspruch zu nehmen.

Eines Tages kam ein Sadhu, um den Gutsherren zu sehen. Der Verwalter wies ihn schroff zurecht und sagte: »Wo ist hier der Gutsherr? Den gibt es nicht. Ich bin hier alles in allem. Fragen Sie mich, wenn Sie etwas möchten.«

Der Sadhu, welcher wunderwirkende Kräfte besaß, rief in dem Moment aus: »Gutsherr, bitte kommen Sie und erleuchten Sie diesen Mann!« Der Gutsherr, als ob er darauf gewartet hatte, kam schnell herein. Der Aufseher neigte seinen Kopf vor Scham und fiel beiden zu Füßen. Prompt entließ der Gutsherr den Verwalter und stellte ihn erst wieder an, als dieser sein Fehlverhalten vollauf erkannt hatte und versprach, die Souveränität des Gutsherren nicht mehr zu verleugnen. Stattdessen solle er ihn vor allen ehren und loben.

Der Gutsherr ist der Höchste Herr. Der Verwalter ist der Verstand. Dieser wird aus dem Höchsten Herrn geboren. Er erstrahlt nur durch Sein Licht, und er hat in Wahrheit keine eigene Existenz. Aber es sieht so aus, als ob seine Macht unendlich ist, weil das Selbst den Verstand als Seinen Aufseher eingesetzt hat, um das Wirken in der Welt voranzutreiben.

Der Verstand denkt, daß er der Kontrolleur der Sinne ist, daß er ihnen Kraft geben oder entziehen kann. Schritt für Schritt beginnt der haltlose Verstand die höhere Macht zu mißachten. Dann kommt der gottrealisierte Heilige und erinnert den Verstand an das Selbst. »Wo ist das Selbst oder Gott? Das alles bin ich selbst.« Aber der Lehrer oder der Gottrealisierte gibt sich nicht so leicht geschlagen. Er ruft den Namen des Herrn in sein Ohr und gibt ihm die Initiation. Sofort nimmt dieser die höhere Macht an.

Er erkennt die alldurchdringende, immerwährende Natur des Herrn. Er unterstellt sich dem Herrn. Der äußere Verstand wird von Ihm beseitigt. Wenn der Verstand verschwindet, tritt der Sadhaka in Samadhi ein und erfreut sich seliger Visionen. Wenn er aus dem Samadhi-Zustand zurückkehrt, ist er ein gewandelter und geläuterter Mensch. Er verspricht, Ihn niemals mehr zu verleugnen und Ihn allzeit zu preisen.

Vom trauernden Vogel

Zwei Vögel – ein Männchen und ein Weibchen – hatten ein Nest auf dem Zweig eines Baumes. Sie waren eine Familie mit einigen Jungen. Normalerweise flog das Männchen aus und besorgte Nahrung, während das Weibchen daheimblieb und die Jungen bewachte. Eines Tages, als das Männchen ausgeflogen war, kam ein Jäger und zielte auf das Weibchen. Obwohl sie es bemerkte, war sie nicht bereit davonzufliegen, denn der Jäger hätte die Jungen töten können. Der Jäger nahm die Gelegenheit wahr und holte das Weibchen mit einem Pfeil vom Baum. Das Männchen kehrte heim und fand das tote Weibchen in den Händen des Jägers. Zusammen mit den Jungen beweinte er den Tod des Weibchens.

Wenn er sich stattdessen sofort aufgeschwungen hätte, wäre er entkommen. Aber so war es für den Jäger ein leichtes, auch den um den Tod seiner Gefährtin trauernden Vogel mit einem weiteren Pfeil vom Baum zu holen. Dann brauchte er nur noch hinaufzuklettern und nach den Jungen zu greifen. Die gesamte Familie wurde so ausgelöscht, ohne die Bemühung, sich selbst zu retten.

Das gleiche ist der Fall mit den Menschen. Die Eltern sind stark an ihre Kinder und Enkelkinder gebunden und bemerken den herannahenden Tod nicht; selbst wenn der Tod ihnen in die Augen schaut, macht die Verhaftung sie blind und sie hängen sich an ihre Kinder, während der Tod sie bereits unaufhaltsam davonzieht.

Wenn jemandem eine nahestehende Person stirbt, ist es ein Signal für den Hinterbliebenen, sich aufzuschwingen mit den Flügeln von Viveka (Unterscheidungskraft) und *Vairagya* (Leidenschaftslosigkeit), und wegzufliegen in das Reich der Unsterblichkeit durch rigoroses Sadhana.

Jedoch verweilt der Hinterbliebene, trauert über den Verlust und wird noch mehr abhängig von der Familie. Der Jäger oder der Tod kommt so leicht zu seinem nächsten Opfer. Auf diese Art tritt einer nach dem anderen in das Haus des Todes ein, ohne sich auch nur etwas dagegen gewehrt zu haben. Obwohl sie wissen, daß der Tod unausbleiblich ist, sitzen sie untätig da und laden ihn ein, anstatt sich aufzuraffen und ihn zu überwinden.

O Mensch, du hast die Flügel der Unterscheidungskraft und der inneren Freiheit zur Loslösung aller Bindungen; fliege davon, bevor der Jäger dich fängt.

Von einem Mann, der den Luxus liebte

Er war sehr reich. Er lebte ein luxuriöses Leben. Er aß vorzügliche Gerichte. Er warf alles weg, was nicht seinem edlen Geschmackssinn entsprach. Diese hohe Lebensart brachte ihm gewaltigen Durchfall. Der Doktor verschrieb ihm die bitterste Pille. Er sagte: »Wenn Sie diese bittere Pille nicht schlucken, werden Sie sterben!« Ohne einen Widerspruch nahm der Mann die Pille und wurde gesund. Ein für alle Mal gab der Mann das Luxusleben auf, damit er nicht wieder krank werden würde.

Wenn in der Blütezeit der Jugend eine Überfülle von Energie da ist, lebt der Mensch seine Sinne aus. Er ist dann gewohnt, nur das Beste vom Besten zu genießen. Er spottet über Entsagung, Verzicht und Selbstaufgabe. Er interessiert sich nicht für Dinge, die ihm keine größten Sinnesfreuden bereiten.

Seine physische Energie ist irgendwann erschöpft. Der Guru kommt zu ihm und erkärt, daß er an der todbringenden Krankheit von Werden und Sterben leidet. Er gibt ihm die bittere Pille von Entsagung, Verzicht und Selbstaufgabe. Weil dies der einzige Ausweg zur Überwindung der Krankheit von Sterben und Werden ist, schluckt er die Pille und verläßt sein altes Leben von Luxus, Gottlosigkeit und Achtlosigkeit.

Vom König und seinem Falken

Ein König hatte einen Falken zum Zwecke der Jagd und des Auskundschaftens dressiert. Wann immer er ausritt, nahm er den Falken mit. Einmal ritt der König mit seinen Jägern durch ein Tal zwischen Sanddünen heim. Der König war sehr durstig. Zu seiner Freude entdeckte er ein winziges Rinnsal, das über einen Felsen talwärts floß. Sofort stieg er ab und begann, die Tropfen in einem silbernen Gefäß aufzufangen. In der Zwischenzeit hatte sich der Falke in die Lüfte erhoben und drehte Runden über den Dünen.

Nach einiger Zeit hatte sich die Schale gefüllt und der König hob sie, um begierig das kristallklare Wasser zu trinken. Aber bevor er das tun konnte, war der Falke im Sturzflug herbeigeeilt und hatte mit dem Flügel das Gefäß gestreift, so daß das Wasser herausspritzte.

Der König sah seinem geliebten Falken nach, der sich auf der Spitze des Berges niedergelassen hatte, von dem das Wasser hinunterrann. Er nahm den Becher und hielt ihn, auf daß er sich wieder füllen konnte. Er mußte lange warten, bis der Becher voll war. Als er gerade dabei war, das Wasser zu trinken, stürzte sich der Falke wie zuvor nieder und schlug den Becher aus der Hand des Königs.

Der wurde sehr ärgerlich. Mit großer Geduld fing er wieder das Wasser auf, und zum dritten Mal erlaubte der Falke ihm nicht, das Wasser zu trinken.

Der König wurde nun äußerst wütend. Er zog sein Schwert und rief dem Falken zu:»Dies ist das letzte Mal. Falls du mich hinderst, von dem Wasser zu trinken, mußt du es mit dem Leben bezahlen.« Geduldig sammelte er wieder das Wasser und dieses Mal hielt er das Schwert in der Hand, als er ansetzte, das Wasser zu trinken. Der Falke kam wiederum geflogen und traf den Becher des Königs; aber als er dies tat, schlug der König ihm mit einem schnellen Schwerthieb den Kopf ab.

Er zischte:»Jetzt hast du deine Lehre bekommen!« Als er niederschaute, um seinen Becher zu suchen, sah er, daß er in eine Spalte gefallen war, wo der König ihn nicht erreichen konnte. So begann er, den Berg hinaufzuklettern, um direkt von der Quelle zu trinken. Als er die Spitze erreichte, fand er dort ein Wasserbecken mit einer todbringenden, giftigen

Schlange. Der König erstarrte. Er erinnerte sich nicht an seinen Durst, sondern dachte nur an sein hastiges Handeln, welches mit dem Töten des Falken endete, der sein Leben gerettet hatte. Der König sagte entschieden zu sich selbst: ›Ich habe heute eine bittere Lektion bekommen – handle nie in Hast und Eile.‹

Hast ist die Mutter von Gram. Entwickle Unterscheidungskraft. Schaue, bevor du springst.

Von der blindgläubigen Verehrerin

Eine naive Frau hatte ein goldenes Bild des Buddha, welches sie immer bei sich trug. Im Laufe ihrer Wanderschaft kam sie zu einem Kloster, wo es hunderte von Bildnissen des Buddha gab. Sie mochte die anderen Bilder nicht, sie liebte nur ihr eigenes. Wenn sie ihr Bild beweihräucherte, wollte sie nicht, daß die anderen Idole von dem Rauch etwas abbekamen. Sie errichtete einen Vorhang um ihr Bild. Nach einigen Monaten wurde das Bild dunkel und schäbig, während die anderen um so heller strahlten.

Genauso ist es der Fall mit engherzigen Personen. Sie respektieren den Glauben anderer nicht. Wie ein Strom ohne Zuflüsse austrocknet, leidet ihr Glaube an Standhaftigkeit und stirbt aus nicht vorhandener Reife dahin. Man sollte sein Herz weit öffnen und die anderen Bekenntnisse ebenfalls in sich aufnehmen. Die Religion, die alle einschließt und gegen niemanden kämpft, ist die wahre Religion. Allein solch ein Glaube wird von Dauer sein, während die anderen wie Blasen zerplatzen. Eine dauerhafte Religion zeichnet sich durch Wahrhaftigkeit, Reinheit, Gewaltlosigkeit und Liebe aus.

Vom Palast des Gutsbesitzers

Ein großer Gutsbesitzer hatte einen wundervollen Palast bauen lassen. Um seinen Reichtum zur Schau zu stellen, hatte er auf verschwenderische Art Kunst und Architektur für den Bau zum Zuge kommen lassen, so daß man sich kaum größerer Künstler und Architekten erinnern konnte. Der Palast war fertiggestellt. Kein anderer kam ihm an Schönheit gleich. Die Eröffnungsfeier wurde in aller Größe und Luxus begangen. Der Gutsbesitzer hatte viele Gäste zu der Feier geladen. Einige bewunderten die Bilder, welche die Wände schmückten. Andere bestaunten die Wandfresken. Wieder andere waren von den Konstruktionen der Säle beeindruckt, und manche ergötzten sich an den Verzierungen einer jeden Schwelle.

Nur der Baumeister, der für die Planung des ganzen Palastes zuständig war, saß still da. Der Gutsbesitzer fragte ihn: »Nun, mein Freund, warum sagen Sie nichts? Was ist es, das Sie am meisten bewundern an diesem Paradies, welches seinen Ursprung mir und die Gestaltung Ihnen verdankt, der Sie eine so wunderbare Rolle spielen durften?«

»Entschuldigung, Maharadsch', ich hatte für einige Zeit das Bewußtsein für die Umgebung völlig verloren. Während ich über die majestätische Schönheit des Palastes nachdachte, sah ich vor meinem inneren Auge die zwei kraftvollen Bullen, wie sie immer wieder den Kalkmischer umrundeten. Ich bewundere ihren Dienst. Die ganze Pracht dieses wunderschönen Gebäudes gehört ihnen. Was hätten all die Architekten, Ingenieure und Künstler machen können, wenn nicht diese beiden Bullen geduldig um den Kalkmischer getrottet wären und sich geplagt hätten, den besten Kalk für die Konstruktion zu mischen?«

Bei jedem großen Unternehmen gibt es schöne Dinge, die den Menschen ins Auge fallen. Da sind spektakuläre Sachen, die im Herzen Verwunderung auszulösen vermögen. In dem Tumult des Bestaunens dieser schillernden Gegenstände ist man geneigt, die stille, unauffällige und selbstlose Arbeit der eifrigen Arbeiter zu vergessen, die halfen, das Vorhaben auszuführen. Ihnen gebührt die wahre Achtung und Ehre.

Vom Millionär und den drei Bettlern

Es gab einen gutherzigen Millionär in der Stadt. Drei Bettler dachten daran, ihn um Hilfe zu fragen. Der erste Mann ging zu dem Millionär und sagte: »Herr! Ich möchte fünf Rupien. Bitte geben sie mir das Geld.« Der Millionär trat auf diese unverschämte Bitte hin einen Schritt zurück. »Was? Sie fordern fünf Rupien von mir, als ob ich Ihnen das Geld schulden würde! Was fällt Ihnen ein? Wie kann ich einem einzigen Bettler fünf Rupien geben. Hier haben Sie zwei Rupien und machen Sie zu, daß Sie wegkommen!« Der Mann ging mit den zwei Rupien fort.

Der nächste Bettler kam zum Millionär und sagte: »Maharadsch', ich habe seit zehn Tagen keine warme Mahlzeit mehr gehabt. Bitte helfen Sie mir.« »Wieviel möchten Sie?« fragte der Millionär. »Was immer Sie mir geben möchten, Maharadsch'«, antwortete der Bettler. »Hier, nehmen Sie diesen Zehn-Rupien-Schein. Sie können damit zumindest für drei Tage gut satt werden.« Der Bettler verließ ihn mit dem Zehn-Rupien-Schein.

Der dritte Bettler kam. »Maharadsch', ich habe von Ihrer edlen Gesinnung gehört. Ich bin gekommen, um Ihren Darshan zu empfangen. Menschen mit der Veranlagung zu so großer Wohltätigkeit sind wahrhaftig eine Manifestation Gottes auf der Erde«, sagte er. »Bitte setzen Sie sich«, sagte der Millionär. »Sie sehen müde aus. Hier nehmen Sie diese Speise zu sich«, sagte er und gab sie dem Bettler. »Nun, bitte sagen Sie mir, was ich für Sie tun kann.« »Maharadsch', ich kam wirklich nur, um den Darshan einer edlen Person zu erhalten. Sie haben mir schon dieses gute Essen gegeben. Was brauchte ich mehr von Ihnen. Sie haben mir bereits Ihre außergewöhnliche Güte gewährt. Möge Gott Sie segnen.« Aber der Millionär, berührt von dem Geist des Bettlers, bat ihn, zu verweilen, baute ihm ein recht schönes Haus auf seinem Grundstück und sorgte für ihn bis zum Ende seiner Tage.

Gott ist wie dieser gute Millionär. Drei Sorten von Menschen suchen ihn auf, mit drei verschiedenen Arten von Wünschen und Gebeten. Da gibt es den Geizigen, voller Eitelkeit, Arroganz und Begehren. Er fordert Dinge und weltliche Freuden von Gott. Weil dieser Mann, egal wegen welcher nichtswürdigen Belange er kam, die gute Idee hatte, Gott aufzusuchen, gewährt Er ihm etwas von den gewünschten Dingen (obwohl diese sehr schnell wieder verschwunden sind wie die zwei Rupien, die der Bettler vor Sonnenuntergang ausgegeben haben wird). Andere beten zu Gott, um von ihren Leiden in der Welt erlöst zu werden, was besser ist, als der erste, denn sie sind bereit, auf Gottes Willen zu bauen. Ihnen gewährt der Herr die volle Befreiung des Leidens und schenkt ihnen Reichtum und ein fruchtbringendes Leben.

Die dritte Sorte von Menschen sind die Wissenden: Ein *Jnani* kennt Gottes Natur. Er betet einfach zum Herrn: »Herr, Du bist Sein-Bewußt-sein-Glückseligkeit; Du bist die absolute Wirklichkeit, das absolute Wissen, der absolute Segen usw.« Was wünscht er? Nichts. Aber der Herr ist höchst zufrieden mit dem Geist der Selbstaufgabe, mit der Wunschlosigkeit und der Hingabe. Deshalb teilt er mit ihm das Essen, d.h. er gewährt dem Mann die höchste Verehrung Seiner Selbst. Zu alledem läßt er den Verehrer in Seinem eigenen Haus wohnen, in *Vaikuntha*. Dieser Jnani Bhakta wird für alle Zeit als ein befreiter Weiser in Seinem Haus wohnen.

Von den Ameisen
auf dem Zuckerberg

Tausende von Ameisen lebten auf einem Salzberg. Als sie von einer Ameise informiert wurden, daß in der Nähe ein Zuckerberg sei, gingen einige hinüber, um sich dort zu nähren. Viele der Ameisen stiegen auf den Zuckerberg, aber wo immer sie probierten, fanden sie nur Salz, weil sie nicht willig waren, die Salzpartikel aus ihren Mäulern zu entfernen. Nur einige wenige reinigten sich von den Salzpartikeln, füllten die Mäuler mit Zucker und empfanden, daß sie den ganzen Zuckerberg in sich trügen.

Genauso verhält es sich mit den meisten Menschen der Welt, die keinen Segen bekommen können, selbst wenn sie darüber informiert werden, daß ein Berg von Glückseligkeit ganz in ihrer Nähe ist; oder sie laufen direkt auf dem Berg herum und merken es nicht, weil sie nicht bereit sind, ihren Egoismus und die starken Bindungen aufzugeben.

Der Verstand selbst ist der Grund für Verhaftung und Befreiung. Wenn die Salzpartikel der Gebundenheit nicht aufgegeben werden, kann man nirgendwo auf der Welt im Frieden leben. Einige wenige sind in der Lage, zu einem gewissen Grad Selbstaufgabe zu praktizieren. Dabei erhalten sie ein wenig von den Strahlen des Segens. Gesegnet ist der, welcher damit verschmilzt und so zum Segen selbst wird, dem Ergebnis von höchster Selbstaufgabe und der Loslösung von allen Wünschen und Bindungen.

Von den Menschen, die vor Angst starben

Ein Reisender im Mittleren Osten traf einen merkwürdigen Gesellen auf seinem Weg. »Wer sind Sie?« fragte er ihn und »Wohin gehen Sie?« »Ich bin die Cholera. Ich bin unterwegs, um fünftausend Menschen in Ägypten zu töten«, sagte der andere und setzte seine Reise fort. Einige Jahre später trafen sie sich zufällig wieder. Der erstere fragte den zweiten: »Sie hatten mir das Wort gegeben, nur fünftausend Menschen zu töten, aber stattdessen haben Sie fünfzigtausend dahingerafft.« »Nein, nein«, entgegnete er, »ich habe nur fünftausend getötet, der Rest ist aus Angst gestorben.«

Die Parabel zeigt, wie die Angst sich als tödlicher Feind des Menschen erweist. Neunzig Prozent unserer Nöte und Sorgen entstehen aus Angst und falschen Vorstellungen. Obwohl das, wovor man Angst hat, niemals eintrifft, saugt doch das Befürchten die Kraft der Menschen auf. Nur ein *Brahmavit* ist völlig frei von Angst.

Angst ist das Ergebnis von Unwissenheit. Das Atman in seiner wahren Natur ist immer furchtlos, beschwerdelos und frei. Verwirklicht dieses Atman und überquert den Ozean der Furcht, Krankheiten und Nöte.

Von den Philosophen
und der Scherbe eines Spiegels

Es lebten einmal zwei Freunde, Ram und Gopal. Beide waren Philosophen. Durch ständiges Nachforschen und Selbstergründen lernte Ram die Glorie des Höchsten Selbst erkennen, wie diese durch das ganze Universum reflektiert wird. Aber Gopal blieb ein theoretischer Philosoph, der die Schöpfung als einen illusionären Traum von Lastern und Unrat abtat.

Nach langer Zeit lud Gopal eines Tages Ram ein. Wie gewöhnlich redete Gopal recht viel über die böse Welt, und am Ende fragte er Ram, welches Geschenk er ihm mitgebracht habe. Nach einigem Überlegen gab Ram ihm eine kleine Scherbe aus seiner Hosentasche und sagte, als er sie Gopal überreichte: »Dies ist mein kleines, bescheidenes Geschenk. Es wird Dir helfen, Deine eigene Schönheit und Anmut zu erkennen, was Dir sonst nicht gelingen wird.«

Gopal hatte eine Lektion gelernt, und von dem Moment an begann er, das ganze Universum als eine Spiegelung des Höchsten Selbst zu betrachten und zu verstehen.

Nichts ist nutzlos in dieser Welt. Das Nicht-Selbst existiert, um das Selbst zu reflektieren und zu glorifizieren. Wie wäre es sonst möglich, von der Existenz des Selbst zu wissen?

In der Tat ist das Nicht-Selbst der genaue Spiegel, der uns das Selbst erkennen läßt. So ist auch das Böse der Spiegel das Guten. Die Anwesenheit von Weisen und Heiligen kann unter einer Versammlung von Unwissenden leicht erkannt werden.

Lernen Sie, das Gute als Reflektion des Bösen zu sehen und sagen Sie zu sich: Das Böse existiert, um mich an das Gute zu erinnern, das Vergängliche existiert, um mich an das Ewige zu erinnern.

In Wahrheit ist das Universum ein Spiegel, der uns an Gott erinnert. Lernen Sie, es nicht als einen illusionären Traum zu verdammen, sondern es dafür zu benutzen, die Gegenwart Gottes zu erkennen.

Vom Schaffner, der aus dem Bus fiel

Der Bus hatte sich in Bewegung gesetzt. Der Schaffner, auf dem Trittbrett stehend, sah, wie ein Mann auf den Bus zulief. »Mitfühlend« streckte er seinen Arm aus. Der Mann rannte und faßte die Hand des Schaffners. Da er aber schwerer als der Schaffner war, fanden sich beide auf der Straße wieder. Nun rannten beide dem Bus nach. Ein gewichtiger Insasse streckte von einem sicheren Platz neben der Tür seine Arme durch das Fenster; beide ergriffen seine Hände und erreichten sicher das Trittbrett.

Ähnliches geschieht sehr oft während der Reise eines Sadhakas zu seinem Ziel. Wenn er auf dem Trittbrett seiner Sadhana steht, die gerade erst begonnen hat, überschätzt er allzu leicht seine Stärke und beginnt, andere zu »retten«. Das Ergebnis liegt auf der Hand. Er selbst wird auf die Straße des weltlichen Lebens gezogen. Es ist nicht die Sache eines Anfängers, anderen dabei zu helfen, sich umzuwandeln; er sollte an sein eigenes Sadhana denken. Wenn er sich in die Probleme anderer Menschen einmischt, richtet auch er sich auf das Weltliche aus. Dann muß er wieder rennen, um den Bus des Sadhana zu erreichen. Ein fortgeschrittener Sadhaka oder Heiliger kommt ihm zu Hilfe. Er ist in dem Sadhana verankert. Selbst dieser geht nicht das Risiko ein, die Festung des Sadhana zu verlassen, um anderen spirituellen Suchern zu helfen. Er bleibt fest bei seiner Übung und streckt seine Arme durch das Fenster von selbstlosem Dienst aus. So gelangen andere Gottsucher auf den Bus des spirituellen Sadhana. Das ist die beste Methode.

Von der alten Frau und der Nadel

Eine alte Frau verlor eine Nadel in ihrem Haus, aber sie suchte draußen im Mondlicht nach ihr. Ein Mann fragte sie: »Liebe Frau, was suchen Sie hier?« Sie antwortete: »Ich habe eine Nadel im Haus verloren; drinnen ist es dunkel; deshalb suche ich die Nadel hier.«

Weltliche Menschen sind wie diese alte Frau. Sie suchen nach Glück in den Dingen, in welchen wirkliche Freude aber nicht zu finden ist. Schauen Sie nach innen; kontrollieren Sie den Verstand; Sie werden das Objekt Ihres Begehrens in Ihrem Atman finden.

Vom Geschäftsführer, der die Zeiger der Uhr abnahm

In einem Büro waren die Angestellten immer darauf bedacht, daß es fünf Uhr schlug oder daß sie für einen Tag mehr Lohn bekämen, als sie gearbeitet hatten. Dem Geschäftsführer fiel auf, daß sie nach vier Uhr alle paar Minuten auf die Bürouhr schauten, um zu sehen, ob es schon fünf sei. Leise ging er hinüber zu der Uhr und nahm beide Zeiger ab. Danach arbeiteten die Angestellten mit ruhiger Achtsamkeit und zählten nicht mehr die Stunden und Minuten, sondern konzentrierten sich auf die Arbeit, die sie noch vollbringen konnten.

In dieser Welt sieht ein egoistischer Mensch immer zu, egal, ob er eine gute Arbeit geleistet hat oder nicht, daß er dafür gut belohnt wird. Wenn er jemandem eine Tasse Wasser reicht, erwartet er eine Belohnung oder wenigstens einen anerkennenden Blick. Dieses wahrnehmend, tritt ein geistiger Lehrer in sein Leben und nimmt die beiden Zeiger der Uhr des »Meinsinns« fort – die Bindung an die Arbeit und das Verlangen ihrer Früchte. Danach arbeitet der Mann um der Arbeit willen und ist sich seiner Pflicht bewußt, ohne eine Belohnung zu erwarten.

Von einem Mann, der am Fahrkartenschalter vorgab, eine Frau zu sein

Ein Mann ging zum Bahnhof. Er sah viele Menschen in der Bahnhofshalle und vor den Fahrkartenschaltern lange Warteschlangen. Er wollte seinen Fahrschein schnell bekommen. Er schaute sich um. Er sah, daß an einem nahen Schalter niemand einen Fahrschein kaufte. Er ging dorthin und stellte fest, daß dieser Schalter nur für Frauen bestimmt war. Ein netter Herr in der Nähe erriet das Begehren des Mannes und sagte:»Bedecken Sie ihren Kopf mit einem Schleier und geben Sie vor, eine Frau zu sein. So können Sie den Fahrschein bekommen.« Ohne zu zögern führte der Mann den Rat aus. Er bekam den Fahrschein. Ein Kontrolleur, der den Vorgang gesehen hatte, stellte sich an den Eingang zu den Bahnsteigen, und als der Mann dort hinkam, bemerkte er bei der Kontrolle des Fahrscheines:»Aber das ist ein Fahrschein für einen Mann!« Der Mann mit dem verschleierten Gesicht nahm das Tuch vom Kopf und sagte:»Ja, ja, ich bin ein Mann.« Alle bewunderten seine Intelligenz.

Alle Jivas werden einmal *Moksha* erhalten. Aber ein hochintelligenter Mensch ist darauf bedacht, die Evolution zu überholen und hier und jetzt die Befreiung zu erlangen. Er ist nicht bereit, sich der Warteschlange anzuschließen. Von einer Million ist es einer, der diesen starken Wunsch hat. Er schaut sich um. Er erkennt, daß der Weg der Reinigung,

Pavritti Marga, übervölkert und mit allen möglichen guten und schlechten Aktionen zugestopft ist, was eine Verspätung hinsichtlich der Evolution hervorruft. Er sieht einen anderen Weg – *Nivritti Marga*, der nicht so überfüllt ist. Dorthin wendet er sich. Aber er stellt fest, daß dieser Weg nur für solche möglich ist, die bestimmte Qualitäten mitbringen. Ein Weiser erbarmt sich seiner, kommt ihm zu Hilfe und sagt: Wenn Sie vergessen können, daß Sie ein Mann sind, dann können Sie in den Bereich jenseits der Geschlechtertrennung gelangen. Sie können den hartnäckigen Feind, *Abhimana*, den Stolz und die Selbstsucht, überwinden, indem sie vorgeben, ein Verrückter oder ein Narr zu sein. Das sind die Geheimnisse dieses Weges. Ergeben gehorcht er dem Weisen. Er erlangt die Weisheit des Selbst.

Der naive, im weltlichen Leben stehende Mensch, fälschlicherweise stolz auf seine minimale Intelligenz, regt sich über die Weisheit der Heiligen auf, die sich wie Verrückte benehmen. Plötzlich wirft der Heilige den Schleier des Narren beiseite, den er aus bestimmten Gründen trug und erstrahlt als ein erleuchtetes Wesen unter den Menschen, als Gottverwirklichter. Er hat sein Ziel erreicht. Ohne weiteres erhält er Einlaß zum Königreich des unendlichen Segens.

Von dem Jungen mit der Maske und der Maus

Ein Junge setzte die Maske eines fürchterlich aussehenden Riesen auf und ging damit zu einem Platz, wo andere Jungen spielten. Er stieß entsetzliche Töne aus; die Jungen erschraken über diesen Dämon und liefen davon. Auf einmal begann aber der Junge selbst, aus einem Schreck heraus zu schreien. Er fiel zu Boden und rollte aus der Maske. Eine Maus war in der Maske, und der Junge hatte größte Angst vor ihr.

Ein Gottsucher setzt die Maske eines Weisen auf und hält feurige Reden, in denen er versucht, alle zu reformieren, so daß die Anwesenden von Furcht und Wunder ergriffen werden. Sehr schnell danach fällt der Suchende zu Boden und die Maske des Pseudo-Weisen bricht entzwei. Der Grund ist die Maus von Begierde, Ärger, Geiz und Heuchelei, die seine Schwachheit zeigt und die wahre, ängstliche und dumme Natur offenlegt.

O Gottsucher, hüte dich vor der Heuchelei. Sei gewissenhaft und erreiche das Ziel.

Eine Auswahl von Briefen
an Ratsuchende

Wie viele persönliche Briefe Swamis Sivananda in dreiundfünfzig Jahren beratender Tätigkeit geschrieben haben mag, weiß niemand auch nur annähernd zu sagen. Sicher gehört er zu den fleißigsten Briefeschreibern der Weltgeschichte. Die sich auferlegte Pflicht, daß der letzte Brief immer von ihm kommen sollte, hielt er auch bei, als er sehr berühmt wurde und ihn viele Schreiben aus aller Welt erreichten. Dies läßt erahnen, welche Antriebsfeder dort gewirkt haben mußte: je mehr er sich jedem einzelnen dienlich machte und sich deren Nöten unterstellte, um so mehr kam ihm das göttliche Selbst entgegen. Je mehr er seine wenigen verbliebenen Belange zugunsten der Sucher und Bittsteller zurücknahm, desto stärker sprudelte aus ihm die Quelle der reinen Liebe. Fast in der Art eines Kindes konnte Swami Sivananda staunend berichten, daß er mit »elektrischer« Geschwindigkeit seine Briefe zu Papier brachte. Göttliche Energien hatten sich seiner bemächtigt, um durch immer neue Bilder diejenigen zu beglücken, welche sich getraut hatten, sich an ihn zu wenden.

1. Juli 1946

Geliebter Siva Narayanan!

Ein Doktor denkt, daß Rechtsanwälte sehr zufrieden sind. Ein Anwalt denkt, daß Geschäftsmänner glücklicher sind. Ein Händler denkt, daß Richter glücklicher sind. Ein Richter denkt, daß Professoren zufriedener sind.

Dies ist eine Illusion. Es ist ein Trick des Verstandes. In Wirklichkeit ist niemand wahrhaft glücklich in dieser Welt. Wahre Zufriedenheit kann nur im eigenen Atman gefunden werden. Deshalb erreiche die Selbstverwirklichung und sei auf ewig glücklich.

Sivananda

1. Juli 1947

Govinda Ram!

Warum klopfst Du an die Tür eines kleinen Mannes dieser Erde wegen eines Jobs oder Geld? Selbst der reichste Mann dieser Erde – oder der größte Beamte ist ein armer Mann. Er ist in das Weltliche versunken. Du kannst das Wesentliche von ihm nicht bekommen.

Warum klopfst Du also nicht gleich an die Tür des Herrn der Welt? Du wirst alles von Ihm erhalten. Bitte laufe sofort zu seiner Tür. Er steht dort mit ausgestreckten Armen, um Dich mit seiner großen Liebe zu empfangen.

Sivananda

1. Mai 1944

Geliebter Ram!

Der Anfang von Heiligkeit ist das Töten des Egoismus. Das Ende von Heiligkeit ist das ewige Leben. Der Schlüssel zur Heiligkeit ist Brahmacharya.

Das Licht der Heiligkeit ist die allumfassende Liebe. Das Gewand der Heiligkeit ist die Tugend. Das Zeichen der Heiligkeit ist eine gleichwertige Sicht auf alles.

Der Weg zur Heiligkeit ist regelmäßige Meditation. Der Grundstein von Heiligkeit ist Yama – die Zügelung – und Niyama – die Ausübung der religiösen Pflichten.

Mögen Sie ein Heiliger werden.

Sivananda

1. September 1948

Swami Sadhananda!

Mache den Mut zu Deinem Rosenkranz, Wunschlosigkeit zu Deinem Stab, Unterscheidungskraft zu Deinem Rehfell, Leidenschaftslosigkeit zu Deinem Kamandalu (Wasserbehältnis für Mönche) und Meditation zur heiligen Asche.

Mache die Ausdauer zu Deinem Floß, den Namen des Herrn zum Boot und überquere ohne Furcht diesen grauenvollen Ozean von Samsara.

Om namo Narayanaya
Sivananda

1. März 1947

Mrityacharis (Verfolger der Lehre, die zum Sterben führt)!

Was nützen Euch die verfilzten, langen Haare, das Rehfell und das Kamandalu, Ihr Toren? Elend komme zu Euch, Ihr Scheinheiligen! In Euch ist der Schmutz des Begehrens; da sind viele Unreinheiten und der stinkende Dreck von Stolz, Gier, Eifersucht, Haß und Hinterhältigkeit.

Ihr legt Euch ohne zu zögern das Aussehen von Heiligkeit an, um die Menschen zu betrügen. Wenn Ihr andere hinters Licht führt, schadet Ihr Euch selbst. Werdet wahrhaft, sauber und heilig im Innern.

Sivananda

1. November 1947

Kühner Sadhak!

O tapfere Seele! O auf das Höchste ausgerichteter Held! Mache weiter so mit Deinem Sadhana. Schreite vorwärts. Nichts anderes ist notwendig als dieses – Aufrichtigkeit und Ernsthaftigkeit, Wachsamkeit und Fleiß, Geduld und Ausdauer.

Mache weiter in Deinem Sadhana mit unerschütterlicher Ruhe. Schreite fortwährend voran. Der Erfolg ist gewiß. Eine brillante Zukunft erwartet Dich.

Sivananda

1. Januar 1947

Söhne des Nektars!

Satsang oder die Verbindung mit Heiligen nimmt die Dunkelheit des Herzens hinweg. Es ist ein sicheres Boot, um den Ozean von Samsara zu überqueren und das Land von Furchtlosigkeit und Unsterblichkeit zu erreichen.

Satsang erhebt das Denken und erfüllt Dich mit Sattva oder Reinheit. Es löscht die quälenden Gedanken im Verstand und läßt Dich Weisheit oder Brahma Jnana erlangen.

Deshalb suche Zuflucht im Satsang.

Sivananda

1. April 1949

Frau Edith Enna, Kopenhagen

Es freut mich zu hören, daß es in Ihrer Yoga-Schule sehr gut vorangeht.

Baden Sie im Sonnenlicht der göttlichen Liebe. Reiben Sie sich mit dem Öl der selbstlosen Liebe ein. Tragen Sie ein Kleid von Reinheit und Hingabe. Essen Sie vom Brot mit dem Namen des Herrn. Trinken Sie von dem heiligen Nektar der Meditation. Parfümieren Sie sich mit dem Duft der Wohltätigkeit. Tauchen Sie in die göttliche Quelle hinab und erfüllen Sie sich darin mit Seiner unausschöpflichen Kraft.

Sivananda

Gesegnete Gottsucher!

Laßt das Diskutieren. Es bringt Euch nicht vorwärts. Setzt Euch vor Eurem spirituellen Lehrer oder einer großen Seele nieder und verharrt in stiller Meditation. Laßt die Seele zur Seele sprechen.

All Eure Zweifel werden sich von selbst klären. Ihr werdet gute spirituelle Erfahrungen machen. Ihr werdet einen unauslöschlichen Frieden und einen Strom der Freude in Euren Herzen vernehmen. Das ist der richtige Weg, der zum Ziel des Lebens führt.

Werdet praktische Yogins.

Sivananda

1. Juni 1943

Lieber Prem Narayanan!

Ohne Hingabe an den Herrn ist Ihr Leben leer. Ohne Ergebenheit leben Sie umsonst.

Hingabe ist Lebenskraft. Es ist eine große Macht. Es ist der Saft des Lebens.

Ergebenheit wirkt erlösend. Hingabe nimmt den Schmerz hinweg und bringt Frieden. Pflege diese Hingabe durch Dienen, Erinnerung Seines Namens, Singen, Satsang, Meditation und dem Studium von Ramayana und Bhagavad Gita.

Erinnere Dich der Leben von Hingebungsvollen wie Dhruva, Tulsi Das und Prahlad.

Sivananda

1. Januar 1945

O Kinder des Lichts!

Das Salz des Lebens ist selbstloser Dienst. Das Brot des Lebens ist allumfassende Liebe. Das Wasser des Lebens ist Reinheit.

Die Süße des Lebens ist Hingabe. Der Duft des Lebens ist Großzügigkeit. Der Dreh- und Angelpunkt des Lebens ist Meditation. Das Ziel des Lebens ist Selbstverwirklichung. Deshalb diene, liebe, sei rein und großherzig. Meditiere und wandle dich.

Sivananda

17. Juli 1943

Liebe Zöglinge!

Im Gebet ist eine geheimnisvolle Macht verborgen. Ein Gebet kann Wunder wirken. Es kann Berge versetzen. Es sollte mit Gefühl vom Grund Eures Herzens kommen.

Haltet am Gebet fest, wie zahlreich auch die Versuchungen und Schwierigkeiten sein mögen, die Euch bestürmen. Baut Euch eine uneinnehmbare Festung durch das Gebet.

Gebete sind Zuflucht und Anker für Euch.

Sivananda

1. Juni 1946

Lieber Siva Ram!

Versichere jetzt Dein Leben durch Gott. Verlasse Dich nur auf Ihn. Habe volles Vertrauen zu Ihm, Seinem Namen, Seiner Gnade. Ergib Dich Ihm.

Alle anderen Versicherungsgesellschaften werden versagen, aber diese »Heiliges-Leben-Versicherung« wird niemals ihre Pflicht versäumen, denn sie verfügt über den unbegrenzten Reichtum des Herrn.

Du brauchst keine Prämien an diese »Heiliges-Leben-Versicherung« zu zahlen. Du hast nur Dein Herz dem Herrn zu geben. Du hast Ihn nur zu lieben.

Sivananda

1. September 1942

Priya Atman!

Satyam, das wahre Sein, ist der Same. Brahmacharya, das reine Leben, ist die Wurzel.

Meditation ist der Regenschauer. Shanti, der Friede, ist die Blüte. Moksha, die Befreiung, ist die Frucht.

Deshalb sprich die Wahrheit, praktiziere Begierdelosigkeit, pflege die Friedfertigkeit und meditiere regelmäßig.

Dir wird sicher die letzte Stufe der Befreiung jenseits von Tod und Wiedergeburt zuteil werden.

Sivananda

1. Juli 1942

Lieber Ram!

Der Sieg über den Verstand ist sicherlich der Sieg über den Tod.

Der innere Krieg mit dem Gedankenleben ist schrecklicher als der äußere Krieg mit Maschinengewehren. Die Eroberung des Verstandes ist schwieriger, als die ganze Welt mit Waffengewalt zu bezwingen.

Werde ein Held. Besiege diesen furchtbaren Feind, den turbulenten Verstand. Selbstbezwingung ist größer als manches Martyrium.

Sei regelmäßig in Deiner Meditation und komme aus ihr siegreich hervor, o Ram!

Sivananda

1. Dezember 1942

Namaste, Chidananda Murte!

Versuchen Sie nicht, die unwichtigen oder unscheinbaren Gedanken wegzuschieben. Je mehr Sie dies versuchen, desto mehr werden sie zurückkehren und an Stärke gewinnen. Sie werden Ihre Energie und Willenskraft schwächen.

Werden Sie gleichmütig. Füllen Sie ihr Gedankenleben mit heiligen Erinnerungen. Mit der Zeit werden störende Gedanken verschwinden.

Bilden Sie sich eine feste Basis im Nirvikalpa Samadhi durch konstante Meditation.

Sivananda

1. Januar 1944

Geliebte kühne Sadhakas!

Hatha-Yoga ist ein heiliger Segen für Erfolg auf allen Gebieten. Der Körper und der Verstand sind Instrumente, welche durch die Praxis des Hatha-Yoga gesund, stark und energetisch aufgeladen werden.

Es ist eine einzigartige Waffe, um die Widerstandsmächte auf materieller und geistiger Ebene zu bezwingen. Durch diese Praxis könnt Ihr Ungleichgewicht und Krankheit überwinden sowie strahlende Gesundheit und Gottverwirklichung erreichen.

Werdet geistige Helden mit der Fülle von körperlicher, mentaler und spiritueller Macht.

Sivananda

1. August 1946

Liebe Zöglinge!

Ethik ist die Wissenschaft des Betragens. Ohne ethische Vervollkommnung könnt Ihr keine Fortschritte auf dem spirituellen Weg machen.

Ethik ist die Grundlage des Yoga. Ethik ist der Eckstein des Vedanta. Ethik ist die starke Säule, auf dem die Plattform des Bhakti-Yoga ruht. Ethik ist das Tor zur Gottverwirklichung.

Deshalb führt ein moralisches und tugendhaftes Leben und Ihr werdet Frieden und Vollkommenheit finden.

Sivananda

Freunde!

Eine unsterbliche Seele oder Atman wohnt in allen Wesen. Dieses alldurchdringende Atman ist die Stütze für die Welt, alle Körper und das Leben. Das Gedankenleben und die Sinne erhalten ihre Intelligenz durch dieses Atman.

Ihr seid nicht dieser zerstörbare Körper. Eure Essenz ist das Atman. Identifiziert Euch mit diesem Atman.

Empfindet »Ich bin das unsterbliche Selbst oder Atman.« Wiederholt immerfort diesen Merksatz. Das wird Euch vollkommen furchtlos machen gegenüber dieser gefährlichen Stunde.

Tat twam asi – Das bist Du.

Sivananda

Geliebter Mahadeva!

Sie sind ein Moschushirsch, der schnell umherläuft, um den Duft des Moschus zu erhaschen.

Sie werden von der Vorstellung, daß das ewige Sein getrennt von Ihnen ist, zum Narren gehalten.

Schließen Sie die Tür zum Intellekt und die Fenster der Sinne; begeben Sie sich zur Ruhe in die Kammer des Herzens und erfreuen Sie sich des schlaflosen Schlafs von Nirvana.

Möge der Herr Sie segnen.

Sivananda

Das göttliche Elixier

Aphorismen aus dem letzten Werk des Weisen [1]

Von Gott und der Religion

Religion ist im Leben verwirklichte Philosophie.

***

Religion ist die Einsicht, daß der Mensch in seinem innersten Wesen Gott ist.

***

Das Ego ist der Preis, wenn du Gott schauen möchtest.

***

Gott ist im Himmel – Das Königreich Gottes ist in dir – Ich und der Vater sind eins – dieses sind die Stufen der geistigen Verwirklichung nach der Bibel.

***

Jedes Leid, jeder Schmerz und jedes Mißgeschick formt dich nach und nach zum Ebenbild Gottes.

***

Sogar unbewußt geäußert, befreit der göttliche Name von den Übeln des Lebens und gewährt Erlösung – viel mehr noch durch bewußtes Aussprechen seines Namens.

***

Glaube bewegt den Menschen zu beten, das Gebet reinigt das Herz, und im geläuterten Herzen spiegelt sich das Licht des Herrn. Wenn das Licht erstrahlt, wird der Sterbliche unsterblich.

***

Gott offenbart sich denen, die ihn suchen, auf unterschiedliche Weise, je nach ihrem geistigen Entwicklungsstand und ihrem Streben.

---

[1] Die Auswahl von Kernsätzen und Gedankensplittern wurde vom Autor der Biographie vorgenommen und durch Überschriften thematisch zusammengefaßt

Von Maya und dem Gesetz des Dharma

Gott nimmt das *Prarabdha*, das sich in diesem Leben auswirkende Karma des ihm Ergebenen auf sich.

***

Die Wege des Herrn sind mysteriös. In allen vermeintlich gescheiterten Handlungen ist etwas Gutes vorhanden. Du kannst das jetzt nicht sehen, aber die Zeit wird es aufdecken.

***

Hasse nicht die Hartherzigen, die Eifersüchtigen und die Egoisten. Sie sind es, die deine Befreiung vorantreiben.

***

Maya, die täuschende Macht, die die Welt der Erscheinung schafft, Ishvara, der persönliche Gott, Jiva, die individuelle Seele und *Jagad* die Welt, sind die verschiedenen Erscheinungsformen von Brahman, das eins und unwandelbar ist.

***

Materie oder *Anna*, Leben oder *Prana*, Denkfähigkeit oder *Manas*, Erkenntnis oder *Vijnana* und Glückseligkeit oder *Ananda* sind die Stadien im Aufstieg des Geistes.

***

Kooperiere mit der Reinheit oder *Sattva*, kontrolliere *Rajas*, die Aktivität, und vernichte *Tamas*, die Trägheit und Dunkelheit.

***

Vergangenheit und Zukunft sind Träume. Der gegenwärtige Augenblick ist die alleinige Realität. Versuche, die Gegenwart zu vergöttlichen. Dies wird dich zu ewiger Seligkeit führen.

***

Maya ist jene täuschende Macht des Herrn, die den Menschen Mannigfaltigkeit sehen läßt, wo Einheit waltet; vieles, wo nur eines ist; Namen und Formen, wo in Wahrheit reines Bewußtsein besteht.

Der Sinn von »Mein und Dein« ist die Ursache aller Leiden und Sorgen. Der »Meinsinn« ist der Wesenskern von Maya.

***

So wie die Strahlen der Sonne unsichtbar, aber imstande sind, Dinge zu beleuchten, ebenso erleuchtet das Bewußtsein alles, obgleich es unsichtbar ist.

***

Die Grundlage der Religion ist Dharma, die Rechtschaffenheit. Die Grundlage von Weisheit ist Unterscheidungsvermögen. Die Grundlage von Hingabe ist Glaube. Die Grundlage von Yoga ist *Yama* oder Selbstbeherrschung.

***

Die Essenz von Vedanta ist Selbstverwirklichung. Die Essenz von Yoga ist die Einheit mit Gott. Die Essenz von Bhakti ist die Gemeinschaft mit dem Herrn.

***

Wie die Lichtstrahlen aus der Sonne hervorgehen, die Funken vom Feuer und die Wellen vom Ozean, so entstammen die Jivas oder individuellen Seelen dem *Para Brahman* oder Absoluten.

Von Schwierigkeiten und Hindernissen

Der »Meinsinn« ist das Brennmaterial für das Feuer der Unwissenheit. Stelle die Zufuhr an Brennstoff ein, und das Feuer wird verlöschen.

***

Mache dir keine Sorgen über spirituelle Erfahrungen. Schreite voran mit deinem Sadhana. Das Wissen dämmert von selbst aus sich heraus.

***

Merze unerbittlich Furcht, Haß und Zaghaftigkeit aus deinem Herzen aus, wenn du Gottverwirklichung erlangen willst.

Die Versuchung ist der Prüfstein geistigen Wachstums.

***

Nicht die Gegenstände binden dich, sondern dein Verlangen. Darum vernichte alle begehrenden Wünsche.

***

Gedanken erschaffen Wünsche. Wünsche lassen dich selbstsüchtig handeln. Handlungen bringen Früchte hervor, und diese Früchte der Handlungen führen zu Gebundenheit. Binde dich nicht an die Gedanken und erlange Freiheit.

***

Zweifel ist die Fata Morgana, und der Lehrer ist die Oase. Ignoriere das Scheinbild und erreiche die Oase, um dich des wahren Friedens zu erfreuen.

***

Kummer und Trübsal sind eine Art Hunger, der durch geistiges Darben verursacht ist. Sie können nur durch geistige Nahrung gelindert werden.

***

Niemand geht durchs Leben, ohne Fehler zu machen. Grüble nicht nach über die Fehler, die du gemacht hast. Bereue sie, und dann vergiß sie, doch bewahre die gewonnene Erfahrung.

***

Das eigene reine Selbst zu vergessen, ist wahrhaft Selbstmord.

***

Hüte dich vor übler Nachrede wie vor einer giftigen Schlange, sonst wirst du in ihren Windungen gefangen.

***

Hindernisse und ungünstige Umstände sind gottgesandte Gelegenheiten, dich standfester und willensstärker zu machen.

Von dem Einen und dem Anderen

Ein blinder Mensch vermag die Gegenstände nicht zu sehen, aber er fühlt und versteht sie. Ein geistig Erblindeter kann die Dinge zwar sehen, doch er begreift nicht, was sie in Wirklichkeit sind.

***

Sei geduldig mit anderen, aber nicht nachsichtig mit dir selbst.

***

Ein Baum kann zum Bau eines Hauses oder mit Hilfe von Feuer zur Herstellung von Holzkohle verwendet werden. Ebenso kann auch der Geist zur spirituellen Höherentwicklung gebraucht werden, oder er kann durch das Feuer der fünf Leidenschaften zur Unwissenheit verkohlen.

***

Ein gewöhnlicher Mensch ist ein Sklave der Gedanken, ein Weiser ist ihr Meister.

Sivananda und Purushottamananda, weise Nachbarn am Ufer der Ganga.

Mildtätige Menschen erfreuen sich der Früchte ihres Wohlstandes; den Geizigen ist ihr Besitz ein Grund ständiger Sorge.

Vom Erkennen

Wenn alle Wünsche des Herzens erlöschen, wird der sterbliche Mensch unsterblich.

***

Wer allein nach innen sieht, hat außen ein ungetrübtes Sehvermögen.

***

Findest du Gott nicht in der Welt, so findest du ihn ebensowenig in den Höhlen des Himalaya.

***

Eitelkeit macht blind.

***

Ein unbeschäftigter Verstand ist immer unzufrieden. Er ist die Werkstatt des Versuchers. Gib dem Verstand stets Aufgaben.

***

Diejenigen, die sich auf die äußere Stimme der Welt konzentrieren, verschließen ihre Ohren für die feine, innere Stimme des Selbst.

***

Der körperfreie Zustand ist kein Zustand nach dem Tode, sondern es ist das Aufgeben deiner Identität mit dem physischen Körper schon während des Lebens.

***

Sadhana, spirituelle Übung, ist ein lebenslanger Prozeß. Jeder Tag, jede Stunde, jede Minute trägt dich voran. Es gibt zahllose Hindernisse auf dieser großen Reise, doch solange du Gott als deinen Führer behältst, hast du nichts zu befürchten. Du kannst sicher sein, das andere Ufer zu erreichen.

Glückseligkeit tritt ein, wenn das Individuelle mit Gott verschmilzt.

***

Diplomatie ist systematisch praktizierte Heuchelei.

***

Sieh das Licht, das überall leuchtet.

***

Bleibe unberührt von den immerfort wechselnden mentalen Veränderungen, indem du dich mit dem unwandelbaren Atman oder Selbst identifizierst.

***

Kontrolliere die Zunge und du kontrollierst alle Wünsche.

***

Trage die Fackel der Unterscheidung, gehe den Weg der Meditation und lasse dich von der Leidenschaftslosigkeit führen. Du kannst sicher sein, Erleuchtung zu erreichen.

***

Lerne, überall Gott zu sehen. Das ist wahre Nahrung für das Auge.

***

Unsere Nahrung muß verdaut und assimiliert werden, wenn der Körper gesund erhalten werden soll. Ebenso muß der Rat des Lehrers durch tiefes Nachdenken verarbeitet und zu eigen gemacht werden, wenn wir einen gesunden Geist aufbauen wollen.

***

Es gibt keine schlechten Menschen an sich. Erkenne die Wahrheit in ihnen und hilf, daß sie diese zum Ausdruck bringen können.

***

Jeder Augenblick im Wachzustand, der frei von Gedanken ist, gleicht einem Zustand von Samadhi. Solche Momente bleiben unbemerkt, weil sie nur Bruchteile einer Sekunde dauern.

Hindere deinen Verstand daran, nach außen zu gehen. Werde still und beobachte ihn. So wirst du Gottverwirklichung erlangen.

***

Selbstverleugnung ist Selbstfindung.

***

Wenn sich Dinge vor einem Menschen bewegen, er aber nur den Raum an sich sehen möchte, so braucht er nur seine Aufmerksamkeit von den Dingen abzuwenden. Ähnlich wird sich das Selbst offenbaren, wenn die Aufmerksamkeit des Geistes von allen vorüberziehenden Gedanken abgezogen werden kann.

Vom Arbeiten und Geben

Arbeit, die für das individuelle Wohl getan wird, bindet. Arbeit, verrichtet für das Gemeinwohl, befreit deine Seele.

***

Richte deine Augen fest auf die Füße des Herrn und laß deine Hände im Dienst für die Menschheit wirken.

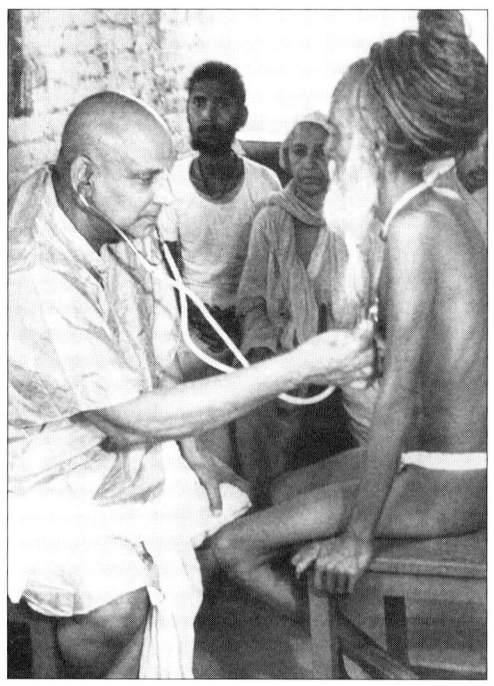

Säubere den Geist von allem Unnützen. Befreie dein Herz von aller Verschmutzung und reinige die innerste Kammer des Herzens. Festige deine Haltung und lade den Herrn ein, in dir zu wohnen.

***

Du sicherst dein eigenes Glück, wenn du zum Glück anderer beiträgst.

Ein wissender Mensch streckt seine Hände aus, um zu geben. Ein Unwissender tut es, um zu nehmen.

***

Je mehr Dienst, desto größer die innere Reinigung. Je größer die innere Reinigung, desto mehr Bewußtseinsausweitung. Je mehr Bewußtseinserweiterung, desto mehr Erleuchtung. Je mehr Erleuchtung, desto schneller die Erlösung.

***

Die Welt ist Gott. Arbeit ist Verehrung des Herrn. Dienst an der Menschheit ist Dienst an Gott. Dienst an den Menschen ist Verherrlichung Gottes.

Von Gnade und Liebe

Liebe verleiht dem Gebenden Schönheit und erhebt den Empfangenden.

***

Göttliche Gnade erfordert aufrichtige und anhaltende Bemühung.

***

Höchste Liebe entwickelt sich nur durch die Gnade des Herrn.

***

Gottes Gnade nimmt nur dann Gestalt an, wenn die Bemühung des Suchenden ernsthaft und lauter ist.

***

Das Gesetz des Herrn ist Liebe. Die Sprache des Herrn ist Schweigen.

***

Wo Wasser fließt, spült es den Schmutz fort. Ebenso wäscht das Wasser liebender Hingabe oder Bhakti den Schlamm der Unwissenheit hinweg.

Vom Säen und Ernten

Säc die Saat der Selbstdisziplin, wässere sie mit Liebe und umzäune sie mit dem Namen des Herrn. Der daraus erwachsende Baum wird dir die Frucht der Unsterblichkeit bringen.

**

Wer Großmut sät, wird göttliche Liebe ernten. Säe Liebe, ernte Frieden. Säe Bescheidenheit, ernte Verehrung. Säe Meditation, ernte Weisheit. Säe Gebet, ernte Gnade.

**

Säe die Saat des Gebetes. Wässere sie mit der unermüdlichen Anrufung des Herrn, umzäune sie mit Reinheit, und entferne das Unkraut übler Gedankenregungen. Du wirst die Frucht der Unsterblichkeit ernten.

**

Friede ist die Frucht inbrünstigen Gebetes. Freude ist die Frucht großzügigen Teilens. Seligkeit ist die Frucht intensiver Meditation.

**

Wie Samen im zubereiteten Boden leicht keimen und wachsen, so können die Samen edler Gedanken in einem Herzen fruchtbar werden, aus dem alle Unreinheiten ausgejätet sind.

**

Diejenigen, die jetzt leiden müssen, sollten wissen, daß sie ernten, was sie einst selbst gesät haben. Die Aussaat guter Taten jetzt in der Gegenwart bereitet eine reiche Ernte des Glückes für die Zukunft vor.

Von Tugenden und der Weisheit

Es gibt keinen größeren Reichtum als Zufriedenheit, keine größere Tugend als Wahrhaftigkeit, keine vollkommenere Freude als die der Seele und keinen besseren Freund als Atman oder das Selbst.

»Ich bin der Körper« ist Unwissenheit. »Ich bin reines Bewußtsein« ist Weisheit.

***

Initiation ist geistige Geburt.

***

Der menschliche Geist leuchtet nicht aus sich selbst, er borgt sein Licht von Atman oder dem höchsten Selbst.

***

Der Blick eines Weisen ist ein geistiges Feuer, das die Unreinheiten verbrennt.

***

Tugend ist das Kind der Weisheit.

***

Gebet und Meditation sind Speise und Trank für die Seele.

***

Das kostbarste aller Juwelen ist der Friede. Der größte Reichtum ist die Erkenntnis des Selbst. Wertvoller als der wertvollste Besitz ist die Entsagung.

***

Selbstbeherrschung ist die unerläßliche Bedingung für den geistigen Fortschritt.

***

Kümmere dich nie darum, was andere Leute sagen oder denken. Tue das Rechte, habe ein reines Gewissen, und gehe glücklich deinen Weg.

***

Ewige Freude residiert in der Festung der Selbstlosigkeit.

***

Ein Unwissender versucht, andere Menschen zu korrigieren. Ein Weiser versucht, sich selbst zu korrigieren.

Vom Werden und Sterben

Das Ziel geistigen Strebens ist, nicht nur über Gott zu wissen, sondern Gott zu werden.

***

Opfer ist Selbstverleugnung, es ist die Vernichtung der Selbstsucht.

***

Die Natur formt dich unaufhörlich in das Ebenbild Gottes hinein.

***

Die letztliche Bestimmung des Menschen ist die Realisation des Unvergänglichen mit Hilfe der sterblichen Form.

***

Om ist der Mutterschoß aller Laute und Worte.

***

Das Gebet ist deine geistige Nahrung. Ohne Gebet verkümmert deine Seele.

***

Wenn die Sonne von einem Teil der Erde entschwindet, erscheint sie über einem anderen Teil der Erde. Die Sonne ist allezeit da, auch wenn wir sie nicht sehen. So stirbt auch die Seele nicht, selbst wenn es so scheint, daß sie nach dem Tode des Körpers nicht mehr da ist.

***

Aus dem Mutterschoß der Hingabe an Gott wird das Kind der Weisheit geboren.

***

Wenn das Tier im Menschen stirbt, erscheint Gott im Menschen.

***

Lebe, um zu sterben« ist das Motto des weltlichen Menschen. »Sterbe, um zu leben« ist das Motto des geistig Strebenden.

Von der Welt der Bilder

Eine Kerze verbrennt sich selbst, um Licht zu spenden. Verbrenne deine Unreinheiten durch selbstlosen Dienst, um das Licht des Wissens auszustrahlen.

***

Liebe regiert ohne Schwert und bindet ohne Strick.

***

Die weltlichen Dinge wirken wie Stimulatoren für einen Rausch. Geld ist wie Opium. Der Mann für die Frau und die Frau für den Mann ist wie Wein. Besitz ist wie Marihuana, Macht gleich Branntwein, Landbesitz ist wie Champagner.

***

Der Mensch ist eine Brücke zwischen den beiden Welten – der sichtbaren und der unsichtbaren Welt.

***

Eifersucht ist die Gelbsucht der Seele.

***

Unterscheidungskraft und Gelassenheit sind die zwei Flügel der Seele, die dich zum ewigen Reich von Frieden und Segen führen werden.

***

Der Mensch ist ein Pilger, die Welt eine Herberge. Lebe in der Welt wie in einer Herberge mit dem rechten Verständnis, daß nichts, was du vorfindest, dir gehört.

***

Demut und Leidenschaftslosigkeit sind die beiden geistigen Augen des Suchenden. Ohne sie ist er blind, auch wenn er alles andere besäße.

***

Samsara, der Kreislauf von Geburt und Tod, gleicht dem Ozean, das Leben einem Boot und Gott dem Bootsmann. Begib dich auf die Reise und erreiche das Ufer der Unsterblichkeit und des ewigen Friedens.

Wenn der Eigentümer schläft, ist sein Haus den Dieben preisgegeben. Ebenso ist unser körperliches Haus, solange die Seele schläft, in der Gewalt der fünf Diebe Sinnenlust, Habgier, Zorn, Haß und Verhaftung.

***

Das absolute Glück in Sinnendingen zu suchen, ist wie nach einer Fata Morgana zu laufen, um den Durst zu stillen.

***

Müßiggang macht deinen Geist stumpf wie der Rost das Eisen.

***

Schließe die Tore der Sinne und verriegele die Tür des Denkens. Entzünde das Licht im inneren Gemach deines Herzens und stehe von Angesicht zu Angesicht vor dem Herrn.

***

Kleine Beweise der Selbstverleugnung, ein paar Worte der Sympathie, kleine Akte der Freundlichkeit und Nächstenliebe – dieses sind die Bausteine, mit denen das Fundament zum göttlichen Leben gelegt wird.

***

So wie eine Tablette den Menschen in tiefen Schlaf versetzt, so betäuben Bequemlichkeit und luxuriöses Leben die Gottheit im Menschen und lassen ihn selbst in den Schlummer der Unwissenheit sinken.

***

Wenn du Selbstverwirklichung durch die Anstrengung des Intellekts erlangen möchtest, ist das gerade so, als ob du versuchst, mit dem Fuß auf den Schatten deines Kopfes zu treten.

***

Was der Sonnenschein für die Blumen, ist das Gebet für den Menschen.

***

Wie das Regenwasser den Erdboden für das Keimen der Saat vorbereitet, so tut es die Leidenschaftslosigkeit für das Aufkeimen der Saat.

Laß deine Meditation ununterbrochen sein wie den Strom der Ganga.

***

Du kannst der Hitze von Begierde und Leidenschaft entgehen, wenn du Schutz suchst unter dem Baum der Unterscheidung.

***

Wenn du im heißen Streben des Ehrgeizes schwitzt, erklimme die kühlen Höhen der Genügsamkeit.

***

Schlechte Regungen können nicht in ein Herz eintreten, dessen Türen von Gedanken an Gott bewacht werden.

***

Wie Schlaf für das Wohlergehen des Körpers notwendig ist, so nötig ist Abgeschiedenheit im eigenen Heim für das Wohlbefinden der Seele.

***

Der Tempel der Rechtschaffenheit ruht auf den vier Säulen des Mitgefühls, der Liebe, der Reinheit und der Weisheit. Der Zugang zum Tempel ist selbstloser Dienst.

***

Das Gewissen ist das göttliche Feuer, an dem du dich verbrennst, wenn du Unrecht begehst.

***

Das Gebet ist die mystische Brücke, die sich über die Kluft zwischen Gott und dem Menschen spannt.

Von Spiegeln der Seele

Laß den Spiegel deines Geistes blank von allen Unreinheiten und stets ohne jedes Schwanken sein.

***

Pflege edle göttliche Gedanken, dann wird deine Sprache edel und göttlich sein, und du wirst edel und göttlich handeln.

***

Die Ausmerzung übler Eigenschaften in dir gleicht dem Abstauben eines Spiegels. Sobald die Staubschicht entfernt ist, kannst du die Schönheit deines Antlitzes im Spiegel sehen. Wenn die schlechten Eigenschaften ausgerottet sind, vermagst du die Schönheit des Selbst in deinem Herzen zu erkennen.

***

Das Sonnenlicht fällt gleicherweise auf alle Oberflächen, doch nur ein poliertes Metall spiegelt es wider. Ähnlich ergießt sich das göttliche Licht auf alle gleich, doch nur die reinen Herzen können es voll zurückstrahlen.

***

Die Dinge sind nur Spiegelungen im höchsten Bewußtsein.

***

Die Schöpfung gleicht einem Gemälde, gemalt auf die Leinwand reinen Bewußtseins – oder auch einem Bild auf der Oberfläche eines Spiegels aus reinem Bewußtsein.

***

Wie Spiegelbilder keine Existenz außerhalb des Spiegels besitzen, so hat das Universum keinen Bestand außerhalb des erkennenden Faktors, das heißt außerhalb des Geistes.

***

Wie der Spiegel von den verschiedenen Objekten, die er reflektiert, unberührt bleibt, so bleibt auch das absolute Bewußtsein unberührt von der Vielfalt der Schöpfung.

Verzeichnis der Fremdwörter

Abhimana: Stolz, Selbstsucht, Überheblichkeit; das Herausgefallensein des Ego aus der Einheit des Seins

Abhisheka: feierliches Übergießen einer Statue mit verschiedenen Opfergaben durch Brahmanen

Adwaita-Vedanta: Philosophisches System von der Lehre der »Nicht-Zweiheit«

Ahimsa: Gewaltlosigkeit, Nicht-Verletzen auch von Tieren durch Gedanken, Worte und Taten

Akhanda Kirtan: das ununterbrochene Singen von Gottesliedern

Ananda: höchste Glückseligkeit, wahre anhaltende Freude

Anna: Nahrung; eine der fünf Hüllen des Menschen heißt Annamaya-kosha

Arati: Zeremonie im Tempel vor einer Statue oder dem Bildnis Gottes

Ardhana Ishvara: Gottesgestalt, Ikone, welche die Vereinigung von Siva und Shakti darstellt; die linke Körperhälfte ist feminin, die rechte maskulin gestaltet

Arhat: buddhistischer Asket, der den Kreislauf der Wiedergeburten hinter sich gelassen hat

Arunachala: der Berg der Morgenröte; heiliger Berg bei Tiruvannamalai in Tamilnadu; er gilt als ein gewaltiges Sivalingam, das aus einer Feuersäule Gestalt annahm

Asana: Körperhaltung des Yoga; auch Unterlage für Sitzhaltungen

Ashram/Ashrama(m): ursprünglich der Wohnort eines Selbst-Verwirklichten; Ort, an dem Sucher nach der Wahrheit für kurze oder längere Zeit bei einem spirituellen Lehrer verweilen können; Einsiedelei

Atma/Atman: das wirkliche Selbst, Seele und Grundlage allen Seins

Aurobindo Goshe: großer Philosoph (1872–1950), Freiheitskämpfer, Literat und Jnani-Yogi; Zeitgenosse Sivanandas; sein Ashram und Samadhi-Schrein befindet sich in Pondicherry, Tamilnadu

Avatar: physische göttliche Herabkunft auf die Erde in mythischer Tiergestalt, später in Menschengestalt

Avidya: das Nichtwissen

Ayurveda: vedische Schriften über Medizin und Gesundheit

Baba: Vater (Hindi)

Banyan: mächtiger Baum mit Luftwurzeln

Bhagavad Gita: Name eines Ausschnittes aus dem 6. Buch des Mahabha-
rata-Epos; »Gesang des Erhabenen«, ein philosophisches Lehrge-
dicht, in dem der Avatar Sri Krishna dem Arjuna die Lehren über
Karma- Bhakti- und Jnana-Yoga darstellt
Bhagavan: Anrede Gottes, des Höchsten Herrn
Bhagavata: von allem Irdischen befreiter Mensch
Bhakta: Verehrer Gottes, auch Devotee genannt
Bhakti-Yoga: die Liebe und Hingabe zu Gott
Bharat: Name des Stammvaters der Kauravas und Pandavas; auch
Name Indiens als »Bharatavarsha«
Bharat-Natyam: südindische Form des Tempeltanzes
Bhastrika: eine Atemübung des Yoga, der Blasebalg
Bhiksha: der Bettelgang der Mönche
Brahma: der Schöpfergott der Trinität: Brahma – Vishnu – Siva
Brahman: die eine, unteilbare ewige und höchste Wirklichkeit
Brahmachari: ein nach Gott Strebender, der in Ehelosigkeit und Enthalt-
samkeit in einem Mönchsorden unter der Führung eines Guru lebt
Brahmaloka: der Himmel Brahmas
Brahmamuhurta: die Stunden vor Sonnenaufgang, welche für die Medi-
tation besonders geeignet sind
Brahmavit: der in Brahman aufgegangene Mensch; Brahman-Kenner
Buddhas: Inkarnationen des Gautama Buddha, des »Erwachten« im
Buddhismus
Chapati: nordindisches Fladenbrot
Chela: Schüler eines spirituellen Lehrers (Hindi); Sanskr.: Shishya
Darshan: die rituelle Begegnung mit einem Weisen, das Aufsuchen einer
Gottheit im Tempel
Deva: göttliches Wesen; in der Mythologie spricht man von den Halb-
göttern
Devotee: Verehrer, Schüler eines Guru
Dhal: indische Linsensuppe
Dharma: das göttliche ewige Gesetz, das der Erscheinungswelt zu-
grunde liegt
Dhoti: circa fünf Meter langes, dünnes, weißes Tuch, das die Inder als
Beinkleid tragen
Diksha: Einweihung ins spirituelle Leben durch den Guru
Disciple: Schüler eines erleuchteten Meisters
Dhyana: Meditation; höchste Stufe des Yoga nach den Sutren des Patanjali

Ekadasi: der elfte Tag des neuen Mondes; spezieller Fastentag der Hindus

Fakir: muslimischer Asket

Ganga: die göttliche Mutter in Gestalt des Flusses Ganges

Gauri Kund: der Göttin Gauri geweihter Teich in der Nähe des Berges Kailash; Gauri ist eine Gemahlin Sivas

Gayatri: Gattin Brahmas; berühmtes Mantra aus dem Rigveda (III, 62, 10)

Ghat: Badeterrasse am Fluß

Guru: der geistige Lehrer und selbstverwirklichte Meister; der Planet Jupiter

Harijan: Gottgeweihter; Bezeichnung Gandhis für kastenlose Inder

Hatha-Yoga: die Silben ha und tha bedeuten Sonne und Mond; Yoga-Weg mit Körperübungen

Hindi: die verbreiteste Sprache Nordindiens

Hridaya: dies ist das spirituelle Herz, die Guha oder Höhle, in der die Flamme der Erkenntnis leuchtet

Idlis: südindische gedämpfte Reiskuchen

Ishta: bevorzugte Gestalt Gottes, der man sich hinwendet

Ishvara: der Herr aller Wesen; der Mächtige und Allgewaltige; Name Sivas

Jagadishvara: der Herrscher der Welt

Japa: Wiederholung des Namen Gottes als Mittel fortwährender Erinnerung seiner Gegenwart

Jiva: die individuelle Seele, die mit den Beschränkungen des Körpers verknüpft ist

Jivatman: das individuelle Selbst, das den Körper als Instrument benutzt

Jivanmukti: eine befreite Seele auf Erden

Jnana-Yoga: der Pfad der Erkenntnis; das Erringen höchster Seinswahrheiten

Jnani: ein Wissender; Vollendeter

Kailash: ein sechseinhalbtausend Meter hoher, mit Gletschern bedeckter pyramidenförmiger Berg in Tibet; der Thron Sivas

Kaivalya: Ungebundenheit, Selbstgenügsamkeit, Einzigartigkeit

Kamandalu: Wasserbehältnis für Mönche

Karma: Tat; Handlung; Resultat von Handlungen; das Gesetz von Ursache und Wirkung

Karma-Yoga: der Weg des selbstlosen Dienens

Kashi: die Scheinende; anderer Name für Benares

Krishna: Vishnu Avatar; der göttliche Kuhhirte, auch Govinda oder Gopala genannt

Lakshman: Bruder Ramas

Lakshmanjhula: Brücke und Tempel bei Rishikesh

Lakshmi: Gemahlin Vishnus und Göttin der Schönheit, des Glücks und des Wohlstandes

Likhit-Japa: das Schreiben von Mantren in ein dafür vorgesehenes Notizbuch

Lila: göttliches Spiel; Mirakel des Höchsten; besonders die Wundertaten des jungen Krishna

Lingam: Zeichen, Symbol oder Emblem; Steinsäule als Sivalingam

Loka: Raum, Bereich, Universum

Lotos: Wasserrose

Lotos-Sitz: aufrechte Sitzhaltung mit übereinandergeschlagenen Unterschenkeln

Maha: groß, mächtig

Mahabharata: das größte Epos der Weltliteratur in 106 000 Versen, es beschreibt den Kampf der Nachkommen des Bharata, darin befindet sich auch die Bhagavad Gita

Mahatma: große Seele; Anrede für Weise

Mahavakya: großer vedischer Lehrsatz

Mahant: Aufseher, Leiter eines Pilgerhauses, das auch als Dharamshala bezeichnet wird

Mala: die Gebetskette der Hindus

Manas: Empfangstation der Eindrücke der äußeren Welt im Menschen; es koordiniert Sinneseindrücke und Willensimpulse

Mantra: heiliges Wort oder Gebetsformel; Klangmanifestation des Göttlichen

Mantra Diksha: Einweihung durch die Weitergabe eines heiligen Wortes

Math: großes hinduistisches Kloster, durch Sankara ins Leben gerufene Zentren geistiger Schulung

Maya: der Schleier der Vielfalt als göttliche Kraft zur Erkenntnis des einen Seins; Illusion oder Täuschung

Meru: mythischer Weltberg

Moksha: Befreiung von allen weltlichen Bindungen

Mouna/Mouni: Schweigegelübde; jemand, der Schweigen als spirituelle Disziplin übt

Mudra: bestimmte Hand- und Körperstellungen zur Förderung des Energieflusses

Mukti: Befreiung vom Kreislauf der Wiedergeburten

Murti: Göttergestalt im Tempel; Idol; konsekrierte Statue

Nada: Klang oder Ton

Namaskar(am): wörtlich heißt es: Ich verneige mich vor... ; indische Grußform mit zusammengelegten Händen vor dem Herzen, vor der Stirn oder mit nach oben gestreckten Armen.

Narayana: Name für Vishnu; Urwesen

Nataraja: der König des Tanzes; Name Sivas

Nirvana: Zustand im Buddhismus, in dem Sein und Nichtsein aufgehoben sind; höchste Glückseligkeit

Nirvikalpa Samadhi: das vollständige Eingehen in Brahma; Zustand reinen Bewußtseins ohne alle Sinnestätigkeit

Nitya: unvergänglich, ewigwährend

Nivritti Marga: der Weg nach innen

Om: Laut und Synonym Brahmans; als »Pranava« ist es die Wurzel aller *Mantras*; auch Aum geschrieben als Symbol der drei Seinszustände von Wachen, Traumbewußtsein und Tiefschlaf

Pada: Fuß, Schritt, Tritt

Padapuja: Zeremonie zur Verehrung der Füße des Gurus

Pandit: Sanskritgelehrter

Para Brahman: das universale Absolute

Patanjali: Philosoph des zweiten Jahrhunderts vor Christi; Verfasser der Yoga-Sutren, den Leitsätzen des Raja-Yoga

Pativrata: Gelübde der Zuneigung gegenüber dem Ehemann

Pavritti Marga: Weg der Reinigung

Prakriti: Urmaterie des Universums

Pradakshina: ehrfürchtige Umschreitung eines Tempels, Berges etc.

Pranam: ehrfürchtige Begrüßung, Verneigung

Prana: Lebensodem; die kosmische Energie im Körper

Pranava: die Urschwingung des Om

Pranayama: die Atemübungen des Yoga

Prasad: die Gunst Gottes; Opferspeisen, die dem Herrn dargebracht wurden und anschließend verteilt werden.

Prem(a): die reine Gottesliebe

Puja: Opferzeremonie im Tempel

Pujari: Opferpriester oder Brahmane

Purana: »alter Bericht«; achtzehn heilige Bücher über die Schöpfung, Zerstörung des Universums und über die Götter; zusammengestellt von Vedavyasa, einem Seher und Dichter der Urzeit

Raga: Melodielinie in der indischen Musik; Farbe, Leidenschaft

Rajah/Radscha: König oder Fürst

Rajghat: Königliches Ufer; Verbrennungsstätte Gandhis in Delhi

Rajas: eine der drei Gunas; steht für Aktivität, Ruhelosigkeit, Gier, Leidenschaft

Rama/Ramachandra: Vishnu Avatar, die Verkörperung von Dharma im Epos des Ramayana, welches aus 24000 Doppelversen besteht

Ramakrishna Paramahamsa: großer bengalischer Heiliger des letzten Jahrhunderts (1836–1886)

Ramana Maharshi: tamilischer Weiser und Jnani (1879–1950); sein Ashram und Samadhi-Schrein befindet sich am Fuße des Arunachala-Berges bei Tiruvannamalai, Tamilnadu

Rigveda: der älteste der vier Veden; Uroffenbarung einer spirituellen Ganzheitslehre

Rishis: die Weisen, welche die Veden empfingen

Rudra: vedischer Gott mit vielen Eigenschaften, u.a. Gott des Sturms; Beiname Sivas

Rudraksha: der Samenkern eines seltenen Himalaya-Baumes; wird verwandt als Perle für die Gebetsketten der Siva-Verehrer

Sadhu: Asket, Wandermönch

Sadhana: spiritueller Übungsweg

Sadhaka: nach Verwirklichung Strebender

Sahaja Samadhi Avastha: der natürliche, ständige, überbewußte Seinszustand

Sahib: Herr; mit diesem Ausdruck werden oft Ausländer gerufen (arabisch)

Samadhi: Verschmelzung des Geistes mit dem Objekt der Meditation; Zustand reinen bewußten Seins

Sambhavana: Gabe an das Göttliche im Menschen als Lohn

Sambhavi Mudra: ekstatischer Zustand während einer Heimsuchung Gottes

Samsara: der Kreislauf von Geburt und Tod, solange der Mensch in Unwissenheit lebt

Samskaras: die Spuren aller Handlungen und Eindrücke aus früheren Leben, die den Charakter und die Neigungen beeinflussen

Sanathana Dharma: Name der hinduistischen Religion; die ewige Ordnung

Sankara: Philosoph und Heiliger des achten Jahrhunderts; Begründer des Adwaita Vedanta, der Lehre der Nicht-Zweiheit

Sankirtan: das Singen und Rezitieren religiöser Lieder

Sannyasa: die vierte und höchste Lebensstufe des Menschen; Entsagung

Sannyasorden: von Adi Sankara gegründete Mönchsorganisation, deren Oberhäupter Sankaracharya heißen

Sannyasin: ein besitzloser, nach Verwirklichung strebender Mönch

Sanskrit: altindische Sprache, in der die heiligen Schriften niedergelegt wurden und die bei Ritualen und Zeremonien benutzt wird

Sarasvati: Gemahlin Brahmas, Göttin der Musik, des Lernens und der Weisheit

Sat: Wahrheit, Wirklichkeit, Existenz

Satchitananda: Sein-Bewußtsein-Glückseligkeit, auch Saccidananda

Satya: wahr, echt, tugendhaft, ehrlich; auch Sathya geschrieben

Satsang: die Pflege von Gemeinschaft mit den Heiligen und Guten

Sattva: eine der drei Gunas; Reinheit, Beständigkeit, Klarheit

Savikalpa Samadhi: das Erkennen Brahmans; jedoch bleibt noch eine Spur von Dualität zurück

Savitri: Gattin Brahmas; Personifizierung eines Verses des Rigveda (III, 62, 10; auch Gayatri)

Seva: gemeinnützige, Gott zugeeignete Arbeit in Ashrams

Sevak: selbstloser Diener

Shakti: göttliche Energie der Mutter des Universums

Shastras: die Weisheitsbücher Indiens

Shanti: Friede

Shruti: Klang; heilige Schriften; das durch die Rishis »Gehörte«

Siddhis: magische Fähigkeiten als Begleiterscheinungen des spirituellen Weges

Sivalingam: Symbol Sivas; abgerundete Steinsäule mit Yoni, einem Ablaufbecken in Siva-Tempeln

Sivaratri: heilbringende Neumondnacht im Februar/März

Sivo ham: »Siva bin ich«

So'ham: »Ich bin Er«; wichtiges Mantra der Religion des Sanathana Dharma

Sri: Name Lakshmis; Anrede für Personen, denen man große Ehrerbietung entgegen bringen möchte

Swami: Anrede für Mönche, Asketen und Yogins

Swarg: der Himmel

Tablas: nordindisches Trommelpaar

Tanpura/Tamboura: obertonreiche, große Bordonlaute zur Begleitung des Gesangs und Bezugsgrundlage indischer Musik

Tamas: eine der drei Gunas; die Trägheit, Schwere, Dunkelheit, Unwissenheit, das Verdorbene

Tapas: Hitze, Glut, spirituelle Praxis zur Kontrolle von Körper und Geist

Tilak: das Stirnzeichen; verwendet wird »Kumkum«, ein rotes Pulver, Asche oder auch »Chandan«, eine Sandelholzpaste; Siva-Verehrer haben drei horizontale Striche auf der Stirn; Vaishnavas, die Vishnu-Verehrer erkennt man an einem vertikalen Zeichen in der Stirnmitte

Trisul: der Dreizackspeer Sivas

Tulasi: mehrjähriger Basilikumstrauch; den »Vaishnavas« oder Vishnu-Anhängern heilige Pflanze

Upanischaden: Lehrgedichte der spätvedischen Epoche

Vaikuntha: der Wohnsitz von Narayana, der Ort ohne Angst oder Schatten

Vairagya: Leidenschaftslosigkeit

Vanaprastha: Waldeinsiedler; die dritte der vier Lebensstufen

Veda: Wissen, heilige Lehre; Bezeichnung für die nicht von Menschen stammenden ältesten Schriften Indiens

Vibhuti: heilige Asche als Geschenk göttlicher Offenbarung und Macht

Viman: Götterfahrzeug, welches die Seelen in den Himmel befördert

Vina: großes Saiteninstrument mit Kürbis als Klangkörper

Visvanatha: Herr des Weltalls

Vitthala: Inkarnation Krishnas in Pandharpur, Maharashtra

Viveka: Unterscheidungskraft

Vivekananda: Indischer Weiser und Schüler Ramakrishnas (1863–1902)

Yama: der Gott des Todes und der Unterwelt

Yajna: ein Opfer; vedische Feuerzermonie

Yatra: eine Pilgerreise

Yoga: anjochen, anschirren; die Verbindung zum Göttlichen herstellen

Yogin: ein Selbst-Verwirklichter

Quellenangaben

Werke von Swami Sivananda:

Autobiography of Swami Sivananda; Divine Life Society, Rishikesh 1980

Bliss Divine; Spirituel Essays of Swami Sivananda, Divine Life Society, 1967

Göttliches Elixier; Aphorismen Swami Sivanandas, 1987 Hannover, unverkäufliche Jubiläumsausgabe in deutscher Übersetzung

Great Men and Women, Part 1; Swami Sivananda, Rishikesh 1958

Hindu Feasts and Festivals; Swami Sivananda, Rishikesh 1983

Life and Teachings of Lord Jesus; Rishikesh, 1959

Parables of Sivananda; Rishikesh, Divine Life Society 1983

Practice of Brahmacharya; Swami Sivananda, Rishikesh, Divine Life Society 1980

Sadhana; Swami Sivananda; Rishikesh, Divine Life Society, 1958

Sivananda Upanishad; A Universal Scripture in the Sage's own Handwriting; compiled by Swami Vishnu Devananda, Quebec, Kanada 1955

Sure Ways for Success in Life and God-Realisation; Swami Sivananda, Rishikesh 1977

Biographien:

From Man to God-Man; The inspiring Life-Story of Swami Sivananda; N. Ananthanarayanan, 1970

Gurudev Sivananda; Biography written by Swami Venkatesananda

Sivananda Biography of a modern Sage; Life and Works of Swami Sivananda, Vol 1; Fremantle, Western Australia

In the Company of the Wise; Swami Sivananda Radha, Timelesss Books, Pala Alto, Canada 1991

The Master, his Mission and his Works; Swami Sivananda Birth Centenary Commemoration Volume 1987; issued by Divine Life Society, Rishikesh

Sivananda; The Apostle of Peace and Love; Sri Swami Paramananda; issued by The Yoga Vedanta Forest University, Rishikesh 1953

Sivananda; Birth Centenary Pictoral Biography, Rishikesh 1987

und Zeugnisse von Schülern Swami Sivanandas 1994 im Ashram, Sivanandanagar – Pin Code: 249 192, Distrikt Tehri-Garhwal, U.P. Himalaya, Indien

kosmos Naturführer

hoch 1988

Der Kosmos-Vogelführer

Die Vögel
Deutschlands und Europas

von Bertel Bruun
illustriert von Arthur Singer
Bearbeitung und deutsche Fassung
von Dr. Claus König, Stuttgart

*7., neu bearbeitete
und verbesserte Auflage*

Kosmos · Gesellschaft der Naturfreunde
Franckh'sche Verlagshandlung · Stuttgart

Wir bedanken uns...

Ein Feldbestimmungsbuch für die Vögel Europas zu schaffen ist kein einfaches Unterfangen. Ohne die weitgehende Hilfe vieler Ornithologen wäre es nicht möglich gewesen. Besonders Feldornithologen konnten hier sehr viel helfen, und vieles, was wir von dieser immer mehr wachsenden Gruppe erfahren konnten, wurde in diesem Buch verwendet.

Nach seinem ersten Erscheinen, im Jahre 1970, wurde dieser Feldführer insgesamt achtmal aufgelegt und in zehn Sprachen übersetzt. Da das Interesse für Vögel ständig größer wurde, sind auch unsere Kenntnisse in zunehmendem Maße gewachsen. Es war daher notwendig, sowohl diese neuen Erkenntnisse als auch Veränderungen in der Verbreitung verschiedener Arten in eine Neuauflage einzuarbeiten. Eine Vielzahl von Feldornithologen, die diesen Führer benutzen, haben Anregungen und Verbesserungen vorgeschlagen, die in der vorliegenden Ausgabe berück sichtigt sind. Besonderer Dank ge bührt Lars Svensson und H. Delo wie auch Lain Robertson für ihre Mit hilfe bei der Überarbeitung des Ma nuskriptes. Außerdem danken wi Erik A. Bruun für wertvolle Verbesse rungsvorschläge. Die Bearbeiter an derssprachiger Ausgaben habe ebenfalls mit dazu beigetragen, de Text zu ergänzen, indem sie eigen Kenntnisse eingearbeitet haben. W möchten all diesen hiermit unsere Dank aussprechen. Besonder möchten wir Herrn James Fergu son-Lees danken, der die Verbre tungskarten überarbeitete, sowi Herrn Lars Svensson, der viele neu Textzeichnungen angefertigt hat.

Bertel Bruun
Arthur Singer

Unseren geduldigen Frauen Ruth und Judy.

Vorwort des Bearbeiters

Als der Kosmos-Verlag 1970 mit der Bitte an mich herantrat, dieses Buch zu übersetzen bzw. zu bearbeiten, war mein erster Gedanke: „Noch ein Vogelbuch!" Beim näheren Studium des Buches mußte ich jedoch feststellen, daß Darstellungen und Verbreitungskarten von anderen Vogelbestimmungsbüchern abweichen. Vor allem ist es sehr zu begrüßen, daß die Vögel nicht in einer Einheitshaltung abgebildet sind. Auch die Tatsache, daß von einer Art meist mehrere Kleider gezeigt werden und daß sämtliche Abbildungen farbig sind, sowie nicht zuletzt die Darstellung typischer Haltungen einzelner Arten verleihen dem Buch seine besondere Note. Auch werden in ihm sämtlich regelmäßig in Europa vorkommen den Vogelarten farbig abgebildet.

Um den knappen Text noch informa tiver und übersichtlicher zu gestal ten, habe ich ihn größtenteils völli neu verfaßt. Das gilt nicht nur für di bisherigen Ausgaben, sondern i ganz besonderem Maße für dies textlich und bildmäßig erweitert Auflage. Somit dürfte der „neue Kosmos-Vogelführer zum gegenwär tigen Zeitpunkt wohl das modernst Vogelbestimmungsbuch für Vöge Europas in deutscher Sprache un im Taschenformat sein.

Stuttgart   Claus Köni

2

Der Kosmos-Vogelführer